고스트 티처의 밀착 과외

로서하·이윤원 지음

"넌 공부가 좋냐?"
"그냥, 뭐 재미있어."

고등학생 시절, 나에게는 독서실 앞 자판기 커피를 뽑아 마시며 친구들과 시답잖은 농담을 주고받는 게 소소한 낙이었다. 그러던 어느 날 친구가 평소와 달리 진지하게 물었고, 나는 잠깐 머뭇거리다가 그런 것 같다고 대답했었다. 기억력도 좋지 않은 내가 그때의 장면이 가끔 생각나는 걸 보면 친구에게 공부가 재밌다고 한 대답이 조금은 민망하고 쑥스러웠나 보다.

'나는 정말 공부가 재밌었던 걸까? 공부의 어떤 점이 좋았던 걸까?'

돌이켜 생각해 보면 정확하게는 공부가 재미있었다기보단 공부하는 기분이 좋았던 것 같다. 밤늦게까지 공부를 하고 집으로 가는 길, 기지개를 켜며 바라보는 밤하늘은 정말 넓고 고요하고 예뻤다. 이렇게 깜깜한 밤이 된 줄도 모르고 오늘도 목표를 이루기 위해 정말 열심히 공부한 나 자신이 무척이나 뿌듯하고 마음에 드는 기분이랄까?

물론 이 세상에 쉬운 공부란 없다. 공부 때문에 힘들고 지쳤던 적, 공부라면 진저리 날 만큼 싫었던 적, 공부의 압박감에 괴로웠던 적이 있을 것이다. 공부가 어려운 일이라는 것을 잘 알면서 책임감 없이, 공부를 재밌게 열심히 해 보라고 말하고 싶진 않았다.

다만 쏟아지는 잠을 참아 가며 내가 할 수 있는 최선을 다해 오늘도 무언갈 열심히 해냈다는 기분이 얼마나 멋지고, 보람차고, 좋은지 느껴 봤으면 했다.

하지만 이렇게 직접적으로 전달하는 것은 우리의 방식이 아니다. 나도 잔소리 듣는 것을 싫어해서 아는데, 이런 얘기도 결국 여러분에게 잔소리로 들릴 것이다. 그래서 우리는 설명만 늘어놓은 공부법 책이 아닌, 세상에서 가장 재미있는 공부법 책을 만들기로 했다.

이 책을 쓰고 싶은 마음이 솟구쳤던 이유가 하나 더 있다. 20

년이 넘는 시간 동안 학생들을 가르치면서 정말 공부를 잘하고, 학교 시험도 잘 보는 학생들을 많이 만났다. 그 학생들에게 도대체 어떻게 공부하길래 모든 과목 시험을 그렇게 잘 보는지 물어보면 놀랍게도 서로 비슷한 구석이 많았다. 그리고 더 소름 돋았던 점은 잊고 있던 내 공부법과도 굉장히 닮아 있었다는 것이다.

학교 시험에서 중요한 것은 무엇인지, 과목별로 어떻게 준비해야 하는지, 어떤 마음가짐으로 시험을 치르는지 등등 나도 우연히 터득한 방법이 사실은 시험을 잘 볼 수 있게 했던 매우 훌륭한 전략이었구나 하고 깨달았다.

무엇을, 얼마나, 어떻게 더 해야 하는지 막막한 학생들이나, 열심히 하는데도 목표한 만큼 시험 성적이 잘 나오지 않아 고민하는 학생들은 책에서 소개하는 공부법을 참고해 자신의 공부에 적용해 보길 바란다.

마지막으로 나의 엉뚱한 상상력을 이렇게도 흥미로운 이야기로 만들어주신 로서하 작가님께 감사하다는 말씀을 드리고 싶다. 이 책의 본문 중 내가 가장 좋았던 문장으로 마무리하겠다.

'지니는 평범하디 평범한 내 인생에 찾아온 첫 번째 판타지였다.'

여러분들도 각자의 자리에서 누구보다도 애쓰며 살고 있다는 것을 잘 안다. 학창 시절의 즐거움과 낭만보다는 공부의 의무감과 부담감으로 매일 평범하게 반복되는 하루를 살아가고 있을 여러분에게, 수상하게 공부를 잘하는 램프의 요정과 함께 보낸 한 달여간의 시험 기간을 담은 이 책이 작은 판타지가 되었으면 한다.

2024년 9월
이윤원

램프에서 '폐관 공부'한 지니가 전수하는 국영수 내신 공부법

→ **다음 중 나에게 필요한 것은?**
(아래에서 지금 나에게 필요한 공부법을 찾아 해당하는 페이지로 이동하시오.)

들어가는 말   → 4쪽

제1교시 **공부 동기 부여 영역**

① 망친 고1 성적 역전하기 → 35쪽
② 공부는 재능이 아닌 노력 → 89쪽
③ 공부의 동기 부여 → 125쪽
④ 공부의 3단계 → 212쪽

제2교시 **시험 준비 영역**

① 학교 수업을 열심히 들어야 하는 이유 → 54쪽
② 시험공부 계획표 → 76쪽
③ 시험을 치르는 자세 → 209쪽

제3교시 **수학 공부법 영역**

① 효과적인 수학 필기법 → 57쪽
② 수학 개념 공부의 목표 → 96쪽
③ 수학 문제집 고르는 방법 → 193쪽
④ 수학 문제 풀이 인강을 듣는 자세 → 153쪽
⑤ 수학 복습의 필요성 → 155쪽
⑥ 수학 답안지 보는 법 → 166쪽

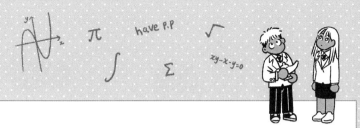

제4교시　**수학 문제 풀이법 영역**

① 수학을 외워서 풀면 안 되는 이유　　→ 118쪽

② 새로운 유형의 수학 문제 푸는 법　　→ 135쪽

③ 수학 문제 조건을 시각화하기　　→ 169쪽

④ 고난도 수학 문제 접근법　　→ 189쪽

⑤ 수학 계산 실수 줄이기　　→ 191쪽

제5교시　**국어 공부법 영역**

① 이해 기반 국어 암기　　→ 183쪽

② 국어 공부하는 방법　　→ 224쪽

제6교시　**영어 공부법 영역**

① 영어 지문 공부 순서　　→ 178쪽

② 영어 공부하는 방법　　→ 225쪽

나가는 말　→ 241쪽

| 등장인물 |

지니

"그거야 네가 얼마나 멍청하냐에
따라 다르겠지."

어느 날 갑자기 나타난
수상하게 공부를 잘하는 램프 요정

정우주

"하지만 소원을 이루어 내야 하는 건
나 자신이라는 걸 알고 있어."

기말고사에서 국영수 평균 80점을 맞아
아빠를 만나야 하는 평범한 고등학생

서하늬

"누군가를 이기기 위해서
공부하고 싶지는 않아."

만인의 첫사랑이자 공부에 진심인
주인공의 소꿉친구

"눈 온다."

누군가의 외침에 교실이 술렁였다. 내 시선도 저절로 움직여 창문으로 향했다. 보드라워 보이는 새하얀 눈송이가 천천히 세상 위로 내려앉고 있었다.

"첫눈이네."

나는 작게 중얼거렸다. 그러고 보면 곧 크리스마스였다. 고1도 이렇게 끝나는가 보다. 나는 마법 같았던 시간을 떠올리며 입가에 미소를 그렸다.

'지니도 눈을 보면 좋아할 텐데.'

나는 필기가 빼곡한 교과서로 시선을 내렸다. 지난 시간에 배운 걸 한 번 훑어보려는데 등을 쿡쿡 찌르는 손길이 느껴졌다.

"왜?"

돌아보며 묻자, 무리 지어 있던 친구 중 하나가 나섰다.

"끝나고 코노 가자."

"첫눈 기념으로 피자도 한 판 때리고."

좋다고 맞장구치는 친구들을 보며 무심히 답했다.

"오늘은 너희끼리 가."

"너도 학원 없는 날이잖아. 보충 있어?"

"아니, 집에 가려고."

"집? 오늘 무슨 날이야?"

"그냥, 공부가 하고 싶어서."

믿을 수 없는 말을 들었다는 듯 동시에 굳은 친구 중 한 명이 두 번째 손가락을 치켜들더니 내 얼굴 앞에 겨누고는 소리쳤다.

"너 누구야? 솔직히 말해. 우주는 어떻게 했어!"

"역시 회귀냐?"

"아니, 이건 빙의야. 기적에 가깝게 오른 성적이 그 증거지. 쟤가 정우주라면 회귀해도 그런 성적이 나올 수 없어."

친구들의 원성을 들은 나는 웃음을 터트렸다. 나 역시, 내가 이런 말을 할 줄은 몰랐으니까. 하지만 내 변화는 기적 같은 게 아니었다. 저 녀석들도 지니를 만났다면 달라졌을 것이다.

지니를 만났다면⋯⋯.

◇◇◇

방과 후 학교가 끝난 시간은 오후 6시 50분이었다. 가방을 들고 일어나려는데, 옆자리에 앉은 지혁이 나를 불러 세웠다.

"야! 정우주, 혁준이랑 피시방 갈 건데 너도 갈래?"

지혁과 혁준.

줄여서 '투혁'이라고 부르는 둘은 나와 함께 어울려 다니는 놈들이다. 우리는 요즘 오픈 월드 RPG 게임 하나에 몰두하고 있다.

다양한 캐릭터를 뽑는 재미도 있고, 자유도도 높은 편이다. 특히 덕후를 두근거리게 하는 떡밥 많은 스토리가 장점이랄까? 게임의 유혹에 잠깐 흔들렸으나, 나는 이내 고개를 저었다.

"오늘은 니들끼리 가. 엄마 일찍 들어오시는 날이라 걸리면 용돈 끊겨."

"그건 안 되지."

용돈의 소중함에 공감한 지혁은 나를 순순히 놓아주었다. 뒤에 있던 혁준이 한마디를 보탰다.

"부지런히 맵 돌아야 해. 다음 주에 불캐 법사 뜬대."

"나 불 속성 딜러 필요한데."

심지어 마법사면 못 참는다. 무조건 뽑아야 했다. 투지를 불

태우며 투혁에게 인사를 건넨 다음 교실 앞쪽으로 걸어갔다.

나는 세 번째 줄에 앉아 있던 하늬 옆에 멈춰 서서 말했다.

"집에 가자."

"오늘은 피시방 안 가?"

"바로 들어가려고."

"그럼 같이 가자."

짧게 대답한 하늬는 가방을 들고 앞장섰다.

살짝 입꼬리가 올라간 걸 보니 오랜만에 함께 집에 가게 되어서 기쁜 것 같았다. 다른 사람은 알아보지 못하겠지만 소꿉친구인 나만은 파악할 수 있다.

교문을 벗어나면 항상 같은 길을 지나서 집으로 돌아간다. 특별한 일이 생길 가능성이라고는 없는 평범한 하굣길이지만, 하늬와 함께하다 보면 돌발 이벤트가 종종 일어나는 터라 지루하지 않다.

바로 지금처럼.

"하늬야, 이거 먹어."

교실에서 나와 복도를 몇 걸음이나 걸었을까? 딸기우유를 쓱 쥐여 주고 도망치는 저 남자애는 옆 반 부반장이다. 자기 손에 들린 딸기우유를 내려다보던 하늬가 나에게 슬쩍 내밀며 물었다.

"너 마실래?"

나는 정색하며 손사래를 쳤다.

"저주로 죽고 싶지는 않다. 안 먹어도 일단 들고는 가."

"그래야겠지?"

하늬는 가방에 딸기우유를 집어넣으며 못마땅한 얼굴을 했다. 그도 그럴 것이 하늬는 우유를 마시지 않는다. 먹으면 배탈이 난다나. 유당 불내증? 뭐 그런 이름이었던 것 같다.

아무튼 저 녀석은 글러 먹었다. 그 정도 사전 조사도 없이 호감을 얻으려고 하다니 성의가 부족했다.

출발하자마자 마시지도 못하는 딸기우유 한 팩을 적립한 하늬와 나는 나란히 교문을 향해 걸었다. 그런데 교문 앞에 옆 동네 예술 고등학교 교복을 입은 남자애가 버티고 서 있었다. 아이돌이 대거 다니는 학교로 유명한 데다가 교복이 예뻐서 멀리서부터 눈에 띄었다.

하늬에게서 시선을 떼지 않는 걸 보니 느낌이 왔다.

'또냐?'

역시나 남자애가 하늬에게 말을 걸었다.

"니가 서하늬지?"

"맞아. 그런데?"

"나 알지? 너 보러 왔어."

같은 학교도 아니면서 자신을 알 거라고 믿는 저 오만함이라니. 하지만 자신만만하게 말한 데는 다 이유가 있다.

방금 말을 걸어온 애는 대형 기획사 연습생으로 SNS 팔로워만 5만 명이다. 우리 반 여자애들이 얼마나 꺅꺅거리던지 나까지 이름을 알 정도다.

이름은 민태정.

태정을 유심히 바라보던 하늬가 특유의 무심한 투로 물었다.

"우리가 아는 사이였어? 나는 널 모르는데."

"날 모른다고? 나 민태정이야."

"그래. 반가워."

하늬는 대수롭지 않게 대답하고 태정의 옆을 지나쳤다.

이런 식으로 찾아오는 사람이 적지 않다 보니 하늬로서는 전부 상대하는 것도 귀찮은 듯했다. 하늬를 따라가며 힐긋 보니, 태정은 이 상황을 받아들이지 못하고 당황한 눈치였다.

"내가 널 보러 왔는데, 그냥 간다고?"

우리를 빠른 걸음으로 따라잡은 태정이 다시 하늬 앞을 막아섰다. 그러자 하늬가 감정이 조금도 담기지 않은 목소리로 대꾸했다.

"너랑 얘기하는 게 공부하는 것보다 재미있지는 않을 것 같아서. 적어도 공부보다는 재미있어야 시간을 내지 않겠어?"

태정의 비참한 패배였다.

팝콘을 씹는 기분으로 두 사람의 대치를 지켜보던 나는 이내 하늬의 옆에 붙어 섰다. 눈초리가 사나워진 걸 보니 조금 귀찮았던 모양이다.

이 역시 나만 알아볼 수 있을 정도의 표정 변화다.

새하얀 얼굴에 쌍꺼풀 없이 큰 눈, 오뚝한 코, 살짝 입꼬리가 올라간 도톰한 입술까지. 하늬의 얼굴은 걸그룹 센터의 완벽한 비주얼이라 할 수 있다. 게다가 성적은 전교 1등. 여기에 차가워 보이는 분위기까지 더해졌으니 하늬가 '만인의 첫사랑' 자리를 차지한 건 어찌 보면 당연한 일이다.

그래서 하늬에게 다가오는 이들은 많았지만, 다들 금방 나가 떨어졌다.

하늬의 무심함은 모두에게 공평했다. 물론 오랜 친구인 나에게는 아주 조그마한 관심을 기울이지만, 그게 내가 특별하다는 뜻은 아니다. 익숙하고 편안하다는 정도의 의미일 테다.

필요한 대화가 아니어도 군이 대화를 나누는 사람은 내가 유일한데 그런 점은 가끔 나를 으쓱하게 만들곤 한다. 지극히 평범한 내가 조금이나마 특별해진 것 같은 기분을 느끼게 된달까.

막 지나친 드러그스토어에서 흘러나온 달콤한 멜로디를 나도 모르게 따라서 흥얼거렸다. 하늬가 "좋은 일 있어?"라고 물었다.

"그냥, 날씨가 좋잖아."

입에서 나오는 대로 대답하고 하늘을 올려다보니 천둥 번개라도 칠 것처럼 날이 우중충했다. 핸드폰으로 날씨 예보를 확인한 하늬가 말했다.

"비 올 것 같은데? 하긴, 넌 비 오는 거 좋아하니까."

비 오는 건 좋다. 우산에 통통거리며 떨어지는 빗방울의 느낌도 좋고, 바닥에 떨어지는 빗소리도 좋다. 창문에 토닥거리며 떨어지는 빗소리는 더욱 좋다. 창문을 열면 밀려드는 흙냄새도 좋아한다.

쫄딱 젖는 건 싫지만.

굳이 따지자면 적정한 온도와 습도가 맞춰져 있는 실내에서 비 내리는 모습을 바라보는 게 좋다. 젖을 일은 없이 쾌적한 공간에서 비 오는 날의 분위기만 만끽하는 거다.

"비 오기 전에 빨리 가자. 너 비 맞으면 감기 걸려."

내 말에 하늬의 걸음이 조금 빨라졌다. 우리는 그렇게 아주 조금 빨라진 속도로 함께 걸었다. 그런데 무언가 이상했다.

"오늘 너 학원 가는 날이지 않아?"

"학원 시간표 바뀌었어. 곧 기말이잖아."

"아, 그러네. 기말고사가 한 달 남았지."

벼락같은 깨달음이었다.

시험 한 달 전, 공부를 시작해야 할 때다. 하지만 세상에는 재미있는 게 너무 많다. 게임, 애니메이션, 웹툰, 유튜브, OTT, 아이돌까지 하루 24시간이 모자랄 정도다. 하지만 용돈은 소중하니까 엄마 앞에서는 한 달 만이라도 노력하는 척을 해 봐야 할 터였다.

골목길 모퉁이를 돌자 나란히 있는 두 개의 대문이 보였다. 왼쪽 검은색 대문이 하늬네 집이고, 오른쪽 파란색 대문이 우리 집이다. 여기까지는 여느 날과 같은 풍경이다. 문제가 있다면 우리 집 대문 앞에 사람이 서 있다는 것이다.

"동완 삼촌인가?"

내 얼굴을 힐긋 본 하늬는 "내일 보자."라고 말한 다음 검은색 대문 안으로 쏙 들어가 버렸다.

"응. 내일 봐."

하늬의 등에 대고 건성으로 답한 나는 동완 앞에 섰다.

그는 내가 '동완 삼촌'이라고 부르는 피 한 방울 안 섞인 남자 사람이다. 조금 더 정확하게 관계를 규정해 보자면 엄마의 남자 사람 친구였다.

나를 발견한 동완이 다가오며 반가운 기색을 내비쳤다.

"우주야."

"안녕하세요."

고개 숙여 인사하자, 동완이 화답했다.

"일찍 왔네."

동완의 말대로였다. 나는 평소보다 일찍 왔고, 엄마는 보통 이 시간에 집에 없다. 그건 동완이 대문 앞에 서 있는 이유를 이해할 수 없다는 뜻이기도 했다.

"엄마가 일찍 들어오시는 날이긴 한데, 여덟 시는 넘어야 도착하실 거예요."

"오늘은 우주한테 맛있는 저녁 사 주려고 왔어. 전화하고 왔어야 하는데, 내가 우주 번호를 모르더라고."

'갑자기 맛있는 저녁이라니?'

어깨를 두드리는 불길한 예감에 일단은 가능한 한 빠르게 자리를 벗어나기로 했다.

"어쩌죠? 친구들이랑 약속이 있어요. 교복 갈아입으려고 온 거예요."

"그럼 십 분만 시간을 내 줄래? 사실은 우주한테 남자 대 남자로 할 말이 있거든."

남자 대 남자란다. 등 뒤에서 불길함이 조금 더 몸집을 부풀렸지만, 아무렇지 않은 척 대답했다.

"말씀하세요."

"삼촌이, 우주와 가족이 되면 어떨 것 같아?"

'올 것이 왔다.'

언젠가 이런 일이 일어날 거라고는 생각했다. 우리 엄마는 그야말로 동안이다. 고등학생 아들이 있다고 말하면 모두 당황할 정도랄까. 그런 엄마의 곁에는 항상 동완이 있었다.

초등학교 동창이라 오랜 친구라고 하던데, 내가 봤을 때 동완은 우리 엄마를 오랫동안 짝사랑해 왔다.

"엄마랑 결혼하세요?"

동완은 부끄럽다는 듯이 먼 산을 바라보았다.

"그게, 아직 청혼하지는 않았어. 우주의 생각을 먼저 들어 보고 싶어서."

'내가 싫다고 하면 어쩌려고 그러지?'

이런 삐딱한 마음이 들기는 했으나 심통을 부리지는 않았다. 이제 어른들의 사정을 이해할 만큼은 컸으니까.

"……음. 난 통과! 난 괜찮으니까 엄마한테 허락받을 고민이나 해 봐요."

'아마 엄마도 승낙할 것 같지만.'

"그렇게 말해 줘서 고마워. 내가 우주한테 진짜 잘할게."

예상했던 것보다 동완은 더 기뻐했다. 덕분에 어색함이 단전에서부터 몽글몽글 올라왔다. 나는 껄끄러운 분위기를 피하려고 이만 집으로 들어가 보겠다는 제스처를 취했다.

"삼촌, 저 약속에 늦겠어요. 다음에 맛있는 거 사 주세요."

"그래. 우주야. 또 봐. 아, 번호 좀 알려 줘."

나는 동완의 핸드폰에 내 번호를 입력해 주고는 집 안으로 도망치듯이 들어갔다. 현관문을 닫고 비척비척 거실 소파에 주저앉았다.

핸드폰이 진동해서 확인해 보니 메시지가 도착해 있었다.

> 동완 삼촌이야. 번호 저장해 줄래?

'괜찮기는 개뿔.'

하나도 괜찮지 않았다.

엄마의 재혼은 재혼이고, 기말고사는 기말고사다. 하지만 국어 문제집을 아무리 들여다보아도 내용이 머리에 들어오지 않았다.

태블릿 PC로 SNS를 뒤적이는데 수학 능력 자가 진단 테스트가 보였다.

다음 중 자신의 이야기라고 생각되는 항목에 체크해 보자.

☐ 수학은 더하기 빼기 이외에는 필요 없다고 생각한다.

☐ 새로운 수학 개념을 배우는 것은 머리가 아프다.

☐ 아는 문제가 아니면 풀려는 시도조차 하지 않는다.

☐ 문제를 풀 때 풀이가 길어지면 포기하고 싶다.

☐ 문제가 한 번에 풀리지 않으면 바로 넘어가거나 답지를 본다.

☐ 다른 과목에 비해 수학 공부를 하는 시간이 적다.

☐ 수학 교과서의 문제도 잘 풀리지 않는다.

☐ 기본 문제는 풀지만 응용문제는 풀지 못한다.

☐ 수학 수업 시간에는 주로 멍을 때린다.

☐ 지금부터 수학 공부를 시작해도 시험을 잘 볼 것 같지는 않다.

체크하면서 다음 항목으로 내려가다 보니 10개를 모두 선택해 버렸다. 다시 훑어봤지만 뺄 항목이 하나도 없었다.

10개 : 당신은 수포자입니다. 지난 시험의 수학 점수를 떠올려 보세요. 그 점수를 받고도 잠이 오나요?

'잠만 잘 오던데.'

나라고 처음부터 수학을 포기했던 건 아니다. 고등학교에 올라오면서 갑자기 어렵고 복잡해지길래 잠시 미뤄 두었을 뿐이다. 그 대가로 중간고사가 끝나고 처참한 점수를 마주해야 했지만.

지난 중간고사 1학년 전체 수학 평균은 58점이다. 나만 수학과 멀어진 게 아니라는 뜻이다. 물론 난 평균도 못 넘기긴 했다.

사실 나도 사람인지라 약간의 충격을 받기는 했다. 중학교 때까지는 전 과목이 8, 90점대였으니, 태어나서 처음으로 받아 본 50점 이하의 점수였다.

"이번 시험까지 망치면 엄마가 날 참기름 두른 프라이팬에 넣고 달달 볶을 텐데."

마무리로 깨소금도 뿌리겠지.

그건 너무 치욕스러울 것 같으니까 공부를 하기는 해야겠다. 하지만 내 의욕과는 달리 여전히 국어 문제집의 글자가 눈에 들어오지 않았다.

나는 펼쳐 놓은 문제집 구석에 숫자를 끄적였다.

$600,000 \times 12 \times 14 = 100,800,000$

'일억 팔십만 원. 충분한가?'

등식의 우변을 노려보며 고심하는데 방 밖에서 기척이 느껴졌다. 시계를 확인해 보니 11시 38분, 평소보다 4시간은 늦은 귀가였다.

'설마 동완 삼촌이 바로 프러포즈라도 한 거 아니야?'

평소였다면 엄마가 말이라도 걸세라 자는 척했겠지만, 오늘은 어쩐지 입이 근질거렸다. 괜히 문제집 페이지 끄트머리를 꾸기다가 책상 앞에서 일어나 방문을 벌컥 열었다. 그리고 짝다리를 짚고 서서 일부러 낮은 목소리를 냈다.

"늦었네."

흠칫 놀란 엄마가 구두를 정리하다 말고 고개를 들었다.

"안 잤어?"

"기말 공부했지."

엄마는 슬쩍 시선을 피하며 물었다.

"밥은 먹었어?"

그제야 저녁밥을 안 먹었다는 걸 깨달았지만 심드렁하게 대답했다.

"그럼. 지금 시간이 몇 신데."

"으응. 그렇지."

왜인지 엄마가 내 눈치를 살피는 것 같았다. 의아하다고 생각한 순간 엄마의 왼손 네 번째 손가락에서 무언가 반짝였다. 하루 새 생겨난 반지에는 큼직한 보석이 박혀있었다.

'저게 다이아몬드라는 건가?'

실물을 본 적이 없어서 모르겠지만, 동완이 엄마에게 큐빅을 사 주지는 않았을 것 아닌가. 아무래도 프러포즈를 위해 무리 좀 한 것 같았다.

반짝이는 반지를 보니까 엄마의 재혼이 임박했다는 사실이 새삼스럽게 다가왔다. 각오했다고는 하지만 막상 닥치니까 썩 기분이 좋진 않았다.

나는 이 결혼의 장애물 내지는 짐 정도 되는 존재니까.

동완은 놀랍게도 미혼이다. 일만 하다 보니 결혼이 늦어졌다나. 아무튼 첫 결혼을 하는데, 고등학생 아들이 딸려 온다고 상상해 보자. 내 상황이 얼마나 난처한지 이해하기 쉬울 것이다.

엄마는 방에 들어가지 않고 어물어물 거실의 TV를 켰다. 외투도 벗지 않은 채였다. 나는 그런 엄마를 지켜보다가 대뜸 물었다.

"엄마, 아빠는 어떤 사람이야?"

엄마의 이마에 깊은 주름이 지더니 거의 반사적인 대답이 흘러나왔다.

"무책임한 사람."

아빠에 관해 물을 때마다 엄마의 대답은 항상 같았다. 사실 나도 아빠가 무책임하다는 건 인정한다.

부모님이 이혼한 건 내가 세 살 때였다. 기억도 나지 않는 아기 때다. 내가 외국에서 지내는 아빠와 만난 건 그 뒤로 손에 꼽힌다는데 어릴 때라 기억은 거의 없다. 그마저도 일곱 살 이후로는 아빠가 한국에 들어오지 않아서 아예 연락이 끊겼다. 그야말로 무책임의 표본이라고 할 수 있었다.

게다가 엄마가 직접 말하지는 않았지만, 양육비도 보내지 않는 분위기였다. 재활용도 불가능한 쓰레기라고 할 수 있다.

나는 엄마 몰래 하품을 해서 눈을 그렁그렁하게 만든 다음 말했다.

"무책임한 아빠라도 한번 만나게 해 주면 안 돼?"

엄마의 눈이 동그랗게 커졌다.

"갑자기 왜? 아빠가 보고 싶어?"

"보고 싶어. 그런 아빠라도."

사실 나는 아빠를 다시 만날 날을 손꼽아 기다리고 있었다. 만나기만 하면 부양의 의무를 저버린 걸 직장에 알리겠다고 협박해서라도 양육비를 쟁취할 셈이었다.

엄마가 오기 전에 미리 계산해 본 14년 치 양육비. 한 달에 60만 원만 잡아도 1억이 조금 넘는다. 나는 이 돈을 아빠에게 일시불로 받아 낼 계획이다. 모아둔 돈이 없으면 대출이라도 받으라지.

아빠에게 받아 낼 양육비면 대학을 졸업할 때까지 혼자 살아가기에 충분할 것이다. 사실 물가를 잘 몰라서 충분한지는 모르겠다. 부족하다면 대학에 입학한 다음에는 아르바이트를 해도 되니까 괜찮다. 그보다는 대학에 갈 수 있을지가 더 문제다.

아무튼 지금까지는 엄마가 고생했으니 이다음 독립을 위한 자금은 아빠에게 받는 게 합당했다.

독립하게 된다면 지금 엄마와 사는 집이 있으니 주거지 걱정은 없다. 동완의 집은 38평짜리 아파트라 엄마와 둘이 살기에 충분하다. 만약 이 집을 팔아야 한다고 해도, 근처에 적당한 오피스텔 정도는 구해 주겠지.

신혼 생활의 불순물이 되지 말자는 각오를 다지며 이어질 엄마의 말을 기다렸다. 하지만 엄마의 입술은 좀처럼 움직이질 않았다.

어쩐지 뒷덜미가 싸늘했다.

"설마 아빠랑 연락 끊어졌어? 일 년에 한 번 정도는 통화한다며."

"사실은 약속했어."

엄마의 목소리가 깊이 가라앉아서 영 불안한 마음이 들었다.

"약속? 왜? 새로 가정이라도 꾸렸으니까 내가 얼쩡거리지 못하게 해 달래?"

나도 모르게 빈정거리는 듯한 말투가 툭 튀어나왔다.

"그런 게 아니라."

"그런 게 아니면 만나게 해 줘. 막을 이유가 없잖아."

엄마는 말문이 막혔는지 갑자기 대화의 방향을 바꿔 나한테 성질을 냈다.

"넌 사춘기가 왜 그렇게 기니?"

"못 만나게 하는 이유가 뭐야? 문화재 발굴 이런 건 다 거짓말이고, 감옥에라도 들어가 있어?"

영화에서처럼 도굴이라도 하다가 철컹철컹. 감옥에 간 거라면 전화 한 통 없는 것도 납득할 수 있었다. 엄마가 깊은 한숨을 내쉬어서 '정말인가?' 하는 생각까지 들었다. 그렇다면 큰일이다. 내 양육비 일시불 수령 계획에 먹구름이 낀다.

게다가 아빠가 범죄자라는 건 좀 그렇지 않은가.

"그런 건 아니야."

다행히도 엄마는 아니라고 했지만, 분위기는 더 가라앉았다. 엄마는 머리를 쓸어 넘기며 내게서 뒤돌아섰다. 등을 보이는 건 엄마가 곤란할 때 하는 행동이다. 그렇지만 이번에는 나도 물러날 생각이 없었다.

내게는 독립 자금 마련을 위해 아빠에게서 밀린 양육비를 받아 낸다는 당위적이고도 중대한 목표가 생겼다. 의견을 굽히지 않겠다고 결의를 다지는데, 다시 돌아선 엄마가 의기양양하게 말했다.

"좋아. 네 아빠를 만나게 해 줄게. 대신 조건이 있어."

"뭔데?"

"이번 기말에서 국영수 평균 팔십 점을 받아 와."

스트레스 그래프가 하늘 위로 치솟았다. 딱 까놓고 말하면 지난 중간고사의 내 국영수 평균이 60점쯤 된다. 중학생 때와 같이 벼락치기를 한 결과였다.

내가 아무 말 없이 가만히 서 있자 엄마가 재빨리 말을 보탰다.

"자신 없지? 그럼 나도 안 돼. 지금까지 애를 어떻게 키운 거냐는 말을 들으면 폭발할 것 같거든."

'이렇게 나온다 이거지?'

내 한쪽 입꼬리가 삐뚜름하게 올라갔다.

"……할게."

"뭐?"

엄마의 눈이 커지는 걸 보자 결심은 더욱 단단해졌다.

"내가 공부를 안 해서 그렇지 머리는 좋거든? 공부 하나도 안 하면서 평균 육십 점 받는 게 쉬운 줄 알아?"

나는 허세 섞인 다짐을 내뱉고 방으로 들어와 버렸다. 까짓 평균 80점 받으면 되는 거지. 그게 뭐 어렵나. 전 과목 평균 80점도 아니고 한 달이나 남아 있는데 아주 못할 것 같지는 않았다.

그때 조금 전까지 보고 있던 국어 문제집이 눈에 들어왔다. 몇 시간 동안 한 문제도 풀지 않아 깨끗한 페이지를 보자 불안해졌다. 일단 지르기는 했는데 조금 막막한 것도 사실이었다.

"……나 어쩌지?"

때마침 창밖에서 천둥 번개가 쳤다. 우르릉 쾅쾅 번쩍거리는 하늘은 마치 속 시끄러운 내 마음을 대변하는 것 같았다.

6시 40분을 알리는 요란한 알림 소리와 함께 눈을 떴다. 7시 30분까지만 학교에 도착하면 되기 때문에 딱 10분만 더 자려고 몸을 돌렸을 때였다.

방문이 열리며 엄마가 안으로 들어왔다.

"우주야. 일어나 봐."

"왜애, 십 분만."

제1교시 **망친 고1 성적 역전하기**

고1 첫 시험 성적이 고3까지 간다는 유명한 속설이 있습니다. 실제로 한 입시 전문 업체가 조사한 결과, 조사에 참여한 전체 학생 중 65%의 고등 1학년 1학기 성적이 고3까지 이어졌습니다.

'고등학교 성적은 정말 올리기 힘들구나' 하고 좌절하라는 뜻이 아닙니다. 우리는 상황을 역전시킨 나머지 35%의 학생에게 주목해야 합니다.

'좋아. 내일부터는 더 일찍부터 시작해서 늦게까지 공부해서 35%에 들어갈 거야'라며 마음을 다잡았나요?

하지만 공부 시간을 늘리기만 해서는 효과가 크지 않을 겁니다. 시험을 잘 보기 위해서는 어떤 방법으로, 얼마나 공부해야 하는지 냉정하게 분석할 필요가 있습니다.

막연하게 느껴지나요? 그럼 앞으로 등장할 지니가 알려 주는 공부법을 따라 해 보세요. 자신의 상황에 적용하여 부족한 점을 개선한다면 35%에 속할 확률이 올라갈 겁니다.

평소 엄마는 나를 깨우지 않고 출근한다. 내가 일어나는 시간보다 엄마의 출근 시간이 더 이르기 때문이다. 그러니 엄마가 아침에 내 방을 찾아오는 건 굉장히 드문 일이었다.

어쩐지 뒤통수가 따갑고 오늘은 무슨 일인지 조금 궁금하기도 했으나, 나는 아침의 달콤한 10분을 사수하기 위해 열정적으로 자는 척을 했다. 뒤에서 바스락거리는 소리가 들리는 것 같더니 엄마의 목소리가 이어졌다.

"사실은 네 생일마다 아빠가 선물을 보내왔었어. 괘씸해서 전해 주지 않았던 것뿐이야. 네 아빠가 널 보고 싶어 하지 않았던 게 아니라 내가, 만나는 걸 허락하지 않았어. 네 아빠가 보냈던 선물들은 책상 위에 놓고 갈게."

방문이 닫히는 소리가 들리는 동시에 벌떡 일어났다.

책상 위에는 택배 박스가 여러 개 놓여 있었다. 홀린 듯이 일어난 나는 박스 안에 들어 있는 상형문자 마그넷, 앙크(☥) 문양 펜던트, 만년필, 유통 기한이 지난 꿀, 파피루스 그림, 이름을 알 수 없는 신의 석상 같은 것들을 차례로 들춰 보았다.

"인디아나 존스야, 뭐야."

투덜거리다가 선물 사이에 끼어있는 카드를 꺼냈다.

'나의 단 하나뿐인 우주에게.'

와, 오그라든다. 술 마시고 썼나 보다.

곁에 있어 주지는 못해도 우주를 잊은 적은 없어.
부족한 아빠라 미안해.

사랑한다. 생일 축하해.

거짓말이다. 그 증거로 이 별것 아닌 선물조차 3년 전부터는 끊어진 채였다. 택배 상자에 찍힌 주소를 보니 전부 외국이었다.

"지금도 한국에 없겠는데."

택배마다 들어 있는 카드를 몇 개 더 확인했으나 내용은 전부 비슷비슷했다.

사랑한다, 잊지 않았다, 보고 싶다는 말이 전부인 이유는 달리 할 말이 없어서일 것이다. 서로에 대해 뭐라도 알아야 대화를 이어갈 수 있는 법이다. 아빠와 나 사이에 남은 건 '부자지간'이라는 관계성뿐이니까.

카드를 내려놓고 나니 기분이 더욱 언짢아졌다. 물론 엄마가 나를 만나지 못하게 막았을 수 있다. 그래도 날 보고 싶었다면 얼마든지 찾아올 수 있었을 테다.

'아니면 외국에 있어서 만나러 오지 못한 건가?'

아니다. 외국이라고 해도 보고 싶었다면 올 수 있었을 거다. 사실 가족을 두고 그 머나먼 곳으로 간 것부터가 문제라고 생각한다.

나는 몇 개의 박스를 더 풀었다. 유통 기한 지난 과자와 옷도 있었다. 옷은 이미 사이즈가 맞지 않았지만, 디자인은 제법 마음에 들었다.

마지막으로 열어 본 것은 3년 전 생일에 발송된 박스였다. 나는 그 안에서 램프를 꺼냈다. 마치 애니메이션 《알라딘》에 나오는 것 같은 디자인의 도자기 램프였다.

"지니 나오는 거 아니야?"

괜히 심술이 나서 램프를 벅벅 문질렀다. 그러자 램프의 주둥이를 통해 '펑'하는 소리와 함께 연기가……

"나올 리 없지."

학교 갈 준비나 해야겠다. 거실로 나가려고 몸을 돌렸을 때였다. 물컹한 감각과 함께 몸이 앞으로 기울었다.

"어? ……어!"

이게 무슨 상황인지 파악할 새도 없이 어딘가에서 낯선 목소리가 들려왔다.

"조심해!"

바닥에 누워 있던 남자애의 다리를 밟았다는 걸 깨달은 나는 발을 옮기려다 완전히 균형을 잃고 허우적거렸다. 넘어지며 바닥을 짚으려고 램프를 잡은 손을 뻗었지만 소용없었다. 남자애가 내 양 손목을 쥐고 잽싸게 들어 올리는 바람에 그대로 손목을 잡힌 채 무릎을 꿇은 자세가 되었다.

무릎으로 넘어진 나는 반사적으로 등을 말며 신음했다. 무릎에서 작지 않은 통증이 느껴져서 신음하는 와중에도 소년은 램프를 든 내 양손을 놓지 않았다.

"조심해. 램프가 깨질 뻔했잖아!"

"난 넘어졌거든!"

"너는 다치면 낫지만, 램프는 깨지면 끝이야."

남자애는 이리저리 살피며 램프가 무사함을 확인하고 나서야 내 손을 놓아주었다. 아픔이 가시자, 눈앞의 존재에 대한 의문이 들었다. 엄마가 나간 뒤로 방문은 열리지 않았다.

'그럼 어젯밤부터 내 방에 있었다는 건가?'

아니, 그럴 리는 없었다. 내 방은 누군가 하룻밤 숨어 있을 만큼 넓지 않다. 싱글 침대 하나와 책상 하나 그리고 옷장이 전부다.

전신에 소름이 끼쳤다. 나는 주춤주춤 물러나며 남자애를 살폈다. 강도라기에는 너무도 당당한 태도였다. 무엇보다 얼굴이 강도 같지 않았다.

"너, 넌 뭐야! 언제 들어왔어?!"

정체불명의 존재가 심드렁한 얼굴로 대꾸했다.

"언제 들어오긴. 방금 네가 램프를 문질렀잖아."

"그래서?"

"자, 잘 들어 봐. 네가 램프를 문질렀고, 내가 나왔어. 그럼 내가 뭐겠어."

이 흐름이라면 정답은…….

"램프의 요정 지니?"

홀린 듯이 대답하자 남자애가 씩 웃었다.

"정답."

"……."

멍하니 서 있던 나는 큰 소리로 웃기 시작했다. 최근 들은 개소리 중에서 가장 참신했다. 배가 땅기도록 웃던 나는 급기야 끅끅거리기 시작했다.

남자애가 어이없다는 듯한 얼굴로 말했다.

"그만 웃어."

"아, 웃겨 놓고 웃지 말라는 건 또 뭐야."

나는 눈가에 맺힌 눈물을 닦아 내며 대꾸했다.

"못 믿는구나?"

"설마 믿기를 바란 거야?"

내가 웃음기 있는 목소리로 묻자, 남자애는 팔짱을 꼈다. 그러더니 갑자기 모습을 감췄다.

"어?"

눈앞에서 사람이 없어졌다.

믿을 수 없었던 나는 주위를 두리번거렸다. 움직임을 놓쳤나 싶어 침대 밑은 물론이고 옷장까지 열어젖혔지만 보이질 않았다. 애초에 두 곳 모두 사람이 들어갈 만한 여유 공간 자체가 없었다.

그런데 남자애가 사라졌다. 마치 연기처럼.

"……사라졌어?"

당황한 나는 머리를 두어 번 흔들었다.

"내가 잠이 덜 깼나? 헛것이 보이네."

역시 스트레스가 극심했나 보다. 아니면 아직도 꿈속인가?

그때였다. 등을 손가락으로 톡톡 두드리는 감각이 느껴졌다. 화들짝 놀라 돌아보니 사라졌던 남자애가 멀쩡하게 서 있었다.

"이래도 못 믿겠어?"

남자애가 악동처럼 웃자, 내 얼굴에서 핏기가 사라졌다.

내 반응이 재미있는지 남자애는 나타났다 사라지기를 반복했다. 그가 다섯 번째로 사라졌을 때였다.

"……귀신?"

나는 작게 중얼거리며 뒷걸음질 쳤다.

주춤주춤 물러서다가 등에 방문이 닿았다. 번쩍하고 눈앞에 나타난 남자애가 나를 향해 비아냥거렸다.

"너 머리 나쁘지?"

나는 숨도 잘 쉬어지지 않을 만큼 놀랐지만, 아닌 건 아닌 거였다.

"머리는 조, 좋거든!"

픽 웃은 남자애는 내 손을 붙잡아 제 팔에 턱 하고 가져다
댔다.

"귀신, 만져지는 거 봤어?"

손끝으로 느껴지는 남자애의 팔은 따뜻하지 않았지만, 서늘
하지도 않았다. 그리고 단단했다. 보지 않아도 잘 짜인 근육이
옷 속에 감춰져 있다는 걸 알겠다.

'좋겠다. 부럽네.'

그러고 보니 나와 또래 같은데 키도 훤칠하니 컸다.

나는 어색하게 팔에 걸쳐져 있던 손을 내렸다.

"귀신은 처음인데 알 게 뭐야."

"귀신 아니라니까. 아니, 내 어디가 귀신같아?"

남자애가 투덜거리는 사이에, 나는 슬쩍 옆으로 몸을 뺐다.
여차하면 도망치기 위함이었는데, 다행히 막아서지 않았다. 거
리를 확보하자 빠르게 뛰던 심장도 조금 잦아드는 듯했다.

"그럼, 정말 지니라고?"

"속고만 살았냐?"

장난이라고 하기에 지니는 제법 진지해 보였다. 이미 눈앞에
서 나타났다가 사라지는 모습을 여러 차례 보여 주기도 했다.

나는 내 손에 들린 램프를 내려다보았다. 확실히 모양새는 요술 램프가 맞다. 어렸을 때부터 동화책으로 보고, 애니메이션으로 보고, 실사 영화로 보던 그 요술 램프다.

지니의 주장이 사실이라면, 내가 해야 할 일은 정해져 있는 셈이다.

"그럼, 소원을 들어줘. 내 소원은 이번 기말고사에서 국어, 영어, 수학 평균 팔십 점을 받는 거랑 아빠를 만나는 거 그리고 더는 엄마의 짐이 되지 않는 거야."

급하게 말하고 보니 실수했다는 생각이 들었다. 그냥 다음 회차 로또 1등 당첨 번호를 알려 달라고 하면 굳이 양육비를 받지 않아도 될 텐데. 게다가 첫 번째 소원인 국영수 평균 80점과 아빠를 만나게 해 달라는 소원은 중복이다.

곧바로 경솔했음을 깨달은 나는 조심스레 물었다.

"소원 바꿔도 돼?"

"바꾸는 거야 네 자유지."

비로소 마음이 편안해졌다. 관대한 지니구나. 갑자기 요술 램프의 곡선이 유려해 보였다.

"그럼 바꾸는 걸로 이루어 줄 거야?"

"뭐래. 내가 네 소원을 왜 이루어 줘?"

지니가 어이없는 말을 들었다는 듯이 대꾸했다. 머리를 한

대 맞은 것 같은 느낌이었다.

"램프의 지니라면서?"

"맞아. 난 램프의 지니야."

"그럼, 소원을 들어줘야지."

그게 지니의 정체성 아닌가?

"들어는 준다니까."

말이 통하지 않자, 가슴이 답답했다.

"아니! 이뤄 주지 않는다며."

"맞아. 들어만 준다고. 아니, 소원 맡겨 놨어? 세상에 공짜가 어딨어. 너 세상 그렇게 만만하게 보면 큰일 난다."

비난하는 투라 내 미간에 주름이 잡혔다. 말장난으로 나를 화나게 하는 게 목적이었다면 성공한 셈이다.

"그럼 뭐야! 도대체 램프에서 왜 나온 거야?"

"네가 문질렀으니까."

나는 고개를 쳐들고 따지듯이 물었다.

"램프를 문질러서 나오긴 했는데, 소원을 이루어 줄 수는 없다고?"

"응."

어쩐지, 램프의 요정 같은 것일 리가 없었다. 그래도 눈앞에서 획획 없어지는 걸 보면 사람은 아닐 테니⋯⋯.

"그럼 램프의 귀신이네. 귀신! 옷차림부터가 이상하잖아. 지니가 무슨 면바지에 니트를 입고 있어."

"귀신 같은 게 아니라니까 그러네. 난 램프의 지니라고."

지니 역시 답답하다는 듯이 말했다.

그런데 한 가지 이상한 점이 있었다. 눈앞의 존재가 요정인지, 귀신인지, 저승사자인지는 모르겠지만 긴장되거나 무섭지 않았다. 모습이 사라졌다가 나타나는 것을 보고 놀라긴 했지만.

처음 마주하고 강도라고 의심했을 때도 그렇게 두렵지는 않았다. 귀신이라고 여겼을 때도 마찬가지였다. 미지의 존재가 준 두려움은 찰나였을 뿐이다.

'진짜 마법이라도 쓴 건가?'

나는 헛기침을 한 번 했다.

"지니라고 주장하고 싶으면 소원을 이루어 줘. 아니면 램프로 다시 들어가."

"얼마 만에 나온 건데 들어가래. 안 들어가!"

뻔뻔하게 나오는 지니를 잠시 노려보았다. 일단 소원을 이루어 주지는 않는다고 했고. 다른 쓸모를 고심해 봤지만, 딱히 찾을 수는 없었다. 촬영해서 유튜브에 올린다고 해도 주작이라고 할 게 뻔했다.

나는 지니를 힐긋 보았다. 아빠는 왜 이런 걸 선물로 준 걸까.

어? 그러고 보니 지니가 아빠에 대해 알고 있을지도 몰랐다.

"너, 혹시 우리 아빠 봤어? 재혼했거나 자식이 있어?"

"네 아빠가 누군데?"

"아빠는 삼 년 전에 너를 나한테 보낸 사람이야. 이름은 정주환."

"모르겠는데. 내게 남은 건 최근 일 년 정도의 기억뿐이야. 길게 잠들어 있다가 그즈음 깨어났거든."

"도움이 하나도 안 되는구나. 그럼 마음대로 해라."

나는 그대로 홱 돌아서서 가방을 챙겨 들었다. 방문을 열고 나가자, 자신이 지니라고 주장하는 존재가 당황하며 따라왔다.

"잠깐만! 날 이대로 두고 나갈 거야? 데려가야지."

"내가 왜 데리고 나가? 발 달렸으니까 알아서 해."

"나 램프에서 멀리 못 떨어져. 십 미터 정도가 한계야."

"직접 램프를 들고 움직이면 되잖아."

"만지면 다시 램프 안에 갇히게 되거든."

"아까 내 손을 이용해서 램프를 잡은 건 그래서야?"

"맞아."

나는 차갑게 식은 눈으로 지니를 돌아보았다.

"그래서?"

지니는 두 손을 모아 잡고 애절한 눈빛을 보냈다.

"날 데리고 가 주지 않을래?"

"세상에 공짜가 어디에 있어. 세상 그렇게 만만하게 보면 큰일 나."

나는 지니가 한 말을 고스란히 돌려주고는 의기양양해졌다. 지니를 만난 이후로 계속 말려드는 기분이었는데 속이 다 후련했다.

잠시 고민하던 지니가 제안했다.

"그럼, 거래는 어때?"

"제 발로 움직이지도 못하는 램프의 귀신이 나한테 뭘 해 줄 수 있는데?"

불신의 눈길을 보내는데, 지니가 자신만만하게 말했다.

"첫 번째 소원."

"응?"

"그 정도는 이룰 수 있도록 도와줄 수 있는데."

첫 번째 소원이라면 이번 기말고사에서 국영수 평균 80점을 받는 걸 말하는 거였다. 내가 관심을 보이자, 지니가 의욕적으로 말했다.

"너는 국영수 평균 팔십 점 이상을 받아야 아빠를 만날 수 있잖아. 그럼 결과적으로 소원 두 개를 이룰 수 있게 해 주는 거네. 어때?"

나도 모르게 고개를 끄덕이다가 퍼뜩 정신을 차렸다.

"잠깐만! 네가 그걸 어떻게 알아?"

"네 선물들 거실 장 안에 들어 있었어. 내가 나올 수는 없어도 주변 상황 정도는 알 수 있거든. 그러니까 네 소원을 이룰 수 있도록 도와줄게."

"널 어떻게 믿고."

다시 의심의 눈길을 보내는데 지니가 물었다.

"그런데 너 학교 안 가? 지금 일곱 시 십오 분 넘었는데."

내 고개가 벽에 붙어있는 전자시계로 향했다. 시계는 야속하게도 7시 17분을 표시하고 있었다. 망했다.

나는 1교시가 끝나자마자 비장한 얼굴로 수학 문제집을 펼쳤다. 평균 점수를 올리기 위해 시급한 건 수학이었다. 국어와 영어는 그나마 70점대를 유지하고 있었으니, 평균을 깎아 먹는 수학 점수부터 획기적으로 끌어올려야 했다.

문제집을 들여다보는데, 하늬가 비어 있던 앞자리에 앉았다.

"오늘 지각했던데 무슨 일 있었어? 그래도 성실은 했잖아."

"아야. 나 방금 뼈 맞아서 순살 됐어."

엄살을 부렸지만, 하늬의 질문이 걱정에서 비롯됐다는 걸 안다. 애초에 누가 결석하든 관심 한 자락 주지 않을 애였다.

"무슨 일이 있기는 했어."

나는 애처로운 표정을 지어 보였다. 하늬가 설명을 요구하는 눈길을 보냈으나, 지니에 관한 이야기는 입 밖으로 나오지 않았다. 아빠가 생일 선물로 보내 줬던 램프에서 이상한 남자애가 튀어나왔다고 말하면 양호실로 보내질 게 뻔했다.

내 대답을 기다리던 하늬가 말을 보탰다.

"머리도 안 감았네."

"어떻게 알았어?"

"머리가 아주 자유롭게 사방으로 뻗어 나가고 있어."

"어? 정말?"

나는 뒷머리를 쓸어 보았다. 어렵지 않게 뻗친 머리카락이 만져졌다. 거울로 볼 때는 괜찮은 것 같았는데, 뒤쪽이 이렇게 자유분방할 줄이야.

이 꼴로 학교까지 왔다니 슬퍼졌다. 손가락으로 머리카락을 대강 빗으며 '내게 일어난 무슨 일' 중 하나를 언급했다.

"어제 우리 엄마가 프러포즈를 받은 것 같아."

"아, 어제 문 앞에 서 있던 분이지?"

"응. 내가 종종 말했던 동완 삼촌. 엄마랑 결혼하고 싶은데

내 생각은 어떤지 물어보더라고. 뭐, 적극 찬성이라고 했지."

사실 그 상황에서 뭐라고 대답한단 말인가.

싫으니까 그냥 돌아가라고 말할 수는 있다. 하지만 그렇다고 해서 상황이 달라질까? 아니라고 본다. 관계만 더 어색해질 뿐이겠지.

내 표정이 어두워지자, 하늬가 다시 입을 열었다.

"찬성이라고 해 놓고, 밤에 잠도 못 잔 거야?"

"아니. 그래서는 아니고. 엄마한테 아빠를 만나게 해 달라고 했거든. 양육비 협상해서 받아 낸 다음에 독립하려고."

하늬의 미간이 좁혀졌다.

"설마 아줌마도 너의 독립 계획을 아셔?"

"당연히 모르지. 그런데 엄마가 기말고사에서 국영수 평균 팔십 점을 받아야 아빠를 만날 수 있게 해 준대."

"역시 만나지 못하게 하실 건가 보네. 팔십 점은 무리지."

하늬가 납득했다는 듯이 고개를 주억거렸다.

"그렇게 진지한 얼굴로 확신에 차서 말하면 내가 조금 슬퍼진단다. 친구야."

"현실성이 없기는 하잖아."

단호하고도 잔잔한 대답이 나를 슬프게 만들었다. 사실은 알고 있다. 한 달 안에 국영수 평균 80점은 무리라는 걸.

그래도 응원해 주면 안 되나.

"너까지 그럴 거야? 서운하게."

풀 죽은 모습을 보이자, 하늬가 고개를 갸웃했다.

"너 중간고사 수학 점수 사십 점인가 받지 않았어?"

"사십팔 점이거든."

재빨리 점수를 정정했지만, 하늬의 표정은 달라지지 않았다.

"아줌마랑 타협해서 평균 칠십 점 정도로 조정해 봐. 국어랑 영어는 그렇게 심각하지 않으니까 수학만 노력하면 평균 칠십 점은 나오겠지."

나는 단호하게 고개를 저었다. 타협은 없다. 이건 자존심 문제였다. 나 역시 아빠가 성적을 물어봤을 때, 국영수 평균 80점은 된다고 답하고 싶었다. 그래야 내 원대한 양육비 계획도 순조로울 것 같았다.

"나는 해낼 거야. 그러니까 수학 중간고사 만점 받은 비결 좀 말해 봐."

"수업 시간에 집중해서 듣고, 교과서 열심히 풀면 되는데."

너무나도 전형적인 방법이라 나도 모르게 하늬를 노려보았다. 내 눈빛에 담긴 분노를 느꼈는지 하늬가 다시 말했다.

"정말인데. 우선은 학교 수업부터 열심히 들어. 다른 과목 문제집을 풀거나, 숙제하지 말고."

"그래도 다른 과목 공부는 안 해. 그건 예의 문제지."

"졸거나 멍때리지도 말고."

얘가 교실 뒤쪽에 CCTV 달아 놨나. 나를 너무 잘 안다.

"너 나 감시하냐?"

하늬가 진지한 어조로 덧붙였다.

"기말고사를 출제하는 사람이 학교 선생님이라는 걸 잊지 마. 우선은 수업을 충실하게 들으면서 교과서부터 공부해."

"나를 괴롭히는 건 교과서에 나오는 문제가 아니야. 뜬금없이 등장하는 변형 문제나 심화 문제지."

하늬는 그게 왜 문제인지 고심하는 것 같은 얼굴을 하더니 이내 답을 내놓았다.

"학교 수업은 시험의 예고편 같은 거야. 선생님도 사람이라서 어디를 중요하게 생각하는지, 어떻게 문제를 내고 싶은지 은연중에 강조할 수밖에 없거든. 변형 문제나 심화 문제도 선생님이 강조한 부분에서 나오는 게 보통이고."

결국은 수업을 열심히 들으라는 거다.

"달리 도움 되는 조언은 없어?"

"수업 시간에 선생님이 강조한 문제들 정리해 놨는데 보여 줄까?"

"그럼 감사하지."

학교 수업을
열심히 들어야 하는 이유

학교 시험을 출제하는 사람은 다른 누구도 아닌 바로 학교 선생님입니다. 학교 수업과 수업에서 사용하는 교과서는 사실 복선으로 가득한 시험의 예고편과 같지요. 선생님이 어느 부분을 중요하게 생각하는지, 어떻게 문제를 내고 싶은지 강조한 부분에서 실제로 시험 문제가 많이 출제됩니다. 선생님들은 시험 문제 출제 방침에 따라 수업에서 다뤘거나 교과서와 연계되는 내용에서 문제를 내고 평가합니다. 시험지의 모든 문제가 이 기준으로 만들어지므로 수업을 잘 듣고 교과서를 열심히 공부하는 것이 학교 시험을 잘 보는 첫 단추입니다.

"잠깐만."

미미하게 웃어 보인 하늬는 제자리로 돌아갔다. 옆에 앉아 있던 지혁이 슬쩍 말했다.

"너희 어머니 재혼하셔?"

"아무래도 임박한 것 같아."

"맙소사! 그래서 정말로 국영수 평균 팔십 점을 받겠다고?"

그렇다고 대답하려는데 이번에는 뒤에 앉아 있던 혁준이 끼어들었다.

"시험이 이제 한 달 남았는데, 될 리가 없잖아."

부정적인 의견이었으나 딱히 신경 쓰지 않았다. 혁준이는 원래 매사에 부정적이다.

"해내고야 말 테니까 나 말리지 마."

"말리진 않아. 가능성이 없어 보일 뿐이야."

"좀 그렇긴 하지?"

지혁이까지 금세 물들어서 부정적 의견을 내보였으나 내 의지를 꺾을 수는 없었다. 시간이 부족하다는 건 나 역시 알고 있었다. 그만큼 잠과 여가 시간을 줄이면 될 터였다.

나는 투혁의 말을 흘려들으며 다시 문제집을 노려보았다. 오기가 모락모락 피어나는데 어느새 돌아온 하늬가 노트를 내밀었다.

"다음 수학 시간 전에 돌려줘."

"고마워. 내가 이 은혜는 잊지 않고 떡볶이로 갚을게."

"열심히 해. 빨간색이 선생님이 강조한 부분이야."

하늬는 아무래도 내가 공부하겠다고 나선 게 기쁜 모양이다. 나는 전교 1등의 수학 노트를 펼쳐 들었다.

훑어보니 다르긴 달랐다. 내 필기 노트는 검은색 펜으로만 쓰인 데다가 군데군데 비어 있었다. 딴짓하거나 졸았을 때일 테다.

반면 하늬의 노트는 검정, 빨강, 파랑 세 가지 색의 펜을 활용해서 일목요연하게 필기 되어 있었다. 처음부터 끝까지 빈 곳도 없었다. 빨간색은 선생님이 강조해서 시험에 나올 확률이 높다고 했고…….

"파란색은?"

"내가 중요하다고 판단한 부분을 체크해 둔 거야. 복습할 때 확인하고 넘어가려고."

진짜 꼼꼼하다. 괜히 전교 1등이 아닌 거다. 공부를 잘하는 데는 다 이유가 있었다.

"너, 진짜 열심히 하는구나."

"재미있으니까 하는 거지."

나로서는 이해할 수 없는 말을 남긴 하늬는 자리로 돌아갔다. 옆에 앉아 있던 지혁이 관심을 보였다.

"필기 진짜 꼼꼼하게 했다."

"하늬한테 물어보고 너도 보여 줄까?"

"됐어. 난 잘생겼잖아. 공부 좀 덜해도 돼."

어이가 없어서 쳐다보는데 혁준이 억울하다는 듯이 대꾸했다.

"그럼 난 공부해야 하잖아."

"걱정하지 마. 넌 키가 크잖아."

"그런가?"

"그러니까 이따가 피시방이나 가자."

"짜파게티도 시켜 먹자."

둘은 좋다고 시시덕거렸다. 어쩐지 멍청함이 옳을 것 같아서 필기 노트로 시선을 돌렸다.

수학 공부법 영역

제3교시 **효과적인 수학 필기법**

수학 노트 필기는 수업 내용을 단순히 기록하는 것뿐만 아니라, 자신을 위한 맞춤형 비법서를 만드는 과정입니다.

먼저, 수업 시간에 선생님이 강조한 부분을 빨간색 펜으로 정리합니다. 선생님이 수업 시간에 특별히 강조해서 설명했던 개념이나 증명, 교과서 문제, 외부 문제는 시험에 나올 가능성이 높습니다.

이외에 여러분이 한 번 더 살펴봐야겠다고 생각한 부분은 파란색 펜으로 정리합니다. 잘 이해되지 않는 부분, 실수할 수 있는 함정 포인트, 풀이에서 핵심이 되는 아이디어 등을 적어 놓고 복습할 때 신경을 써서 확인합니다.

나는 지친 몸을 이끌고 집으로 돌아왔다. 오랜만에 공부를 하려다 보니 막막한 기분만 가득했던 하루였다. 하지만 원래 시작이 제일 어렵다고 했다.

'내일은 좀 나아지지 않을까.'

씩씩하게 거실을 가로질러 방문 앞에 섰다가 잠시 망설였다. 아침에는 정신없이 학교에 가느라 수상쩍은 존재와 대화를 제대로 마무리하지 못했다.

아니지, 어쩌면 모두 꿈이었을 수 있다. 꿈이 아니라면…….

'안에 있으려나?'

문을 열었을 때 지니가 있다면 어떻게 해야 할까. 지니가 있기를 바라는 건지, 아닌지조차 알 수 없었다. 그렇지만 그냥 꿈이 덜 깬 것이었다면, 그것대로 서운할 것 같달까.

지니는 평범하디 평범한 내 인생에 찾아온 첫 번째 판타지였다. 물론 지니에게는 별다른 능력이 없는 것처럼 보였다. 그래서 이렇다 할 쓸모도 발견하지는 못했지만 말이다. 하지만 어쩌면…… 지니의 주장대로 국영수 평균 80점을 받을 수 있도록 도와줄 능력은 있을지도 모른다.

조심스레 문손잡이를 돌리자, 어둑한 방에 덩그러니 앉아 있던 지니와 눈이 마주쳤다.

"왔어?"

흡사 제 집처럼 맞이하는 모습이었다. 와, 정말 있네. 꿈이 아니었다. 아빠는 도대체 나한테 뭘 준걸까? 안으로 들어선 나는 방 안의 불부터 켰다.

"넌 계속 그대로 있었던 거야?"

"대충 책 읽었어."

"불은 왜 안 켰어?"

"빈집에 불이 켜져 있으면 이상하잖아."

온종일 빈방에서 내가 돌아오기만을 기다렸다는 건가. 자세를 고쳐 앉은 지니가 진지한 어조로 말했다.

"날 도와줘. 사실 나는 만나야 할 사람이 있어."

기억이 나질 않는다더니 아니었던 건가. 의아했지만 지니의 표정에서 묻어나는 절박함이 내 마음을 움직였다.

"그게 누군데?"

"잘…… 기억이……."

"설마 누군지도 기억나지 않는 사람을 만나야 한다는 건 아니지?"

"바로 그거야! 만나야 하는데, 누군지 기억이 안 나."

잠깐이지만 진지했던 시간이 아깝게 느껴졌다. 저녁이나 먹어야겠다. 방을 나가려는데 지니가 내 팔을 붙잡았다.

"난 주인이 생길 때까지 램프 밖으로 나오지 못했어. 그래서 기억에 착오가 생긴 걸 거야. 밖에 나왔으니까 조금씩 기억이 떠오를 테고. 그런 예감이 들어."

나는 책상 위에 덩그러니 놓인 램프를 응시했다. 한 뼘밖에 안 되는 램프 안에 오랫동안 갇혀있었다면 답답하긴 했겠다.

"……얼마나 램프 안에 있었는데?"

"모르지."

하, 말을 말자. 지니와 대화를 하면 할수록 머릿속이 엉키는 기분이었다.

"그럼 방에서 명상하면서 기억을 더듬어 봐."

외면하려고 했으나 지니가 팔을 붙들고 늘어졌다.

"나도 데리고 가 줘. 오늘도 온종일 방에만 있었잖아."

등 뒤에서 들려오는 한껏 주눅 든 목소리에 두통이 엄습했다. 나는 이마를 꾹꾹 누르다가 돌아가서 램프를 집어 들었다.

"한계가 십 미터 맞아?"

"맞아. 그러니까 날 거실까지만이라도 나갈 수 있게 해 줘. 이 방에는 티브이도 없어서 더 지루했다고."

"너 티브이도 봐?"

"전에는 램프가 거실 장 아래 있었다니까. 너나 아줌마가 볼 때는 나도 같이 봤지."

흐음, 그렇단 말이지.

나는 램프를 챙기며, 종량제 봉투를 떠올렸다. 재활용도 못 하게 쓰레기봉투에 담아서 버려야겠다. 신발장 서랍에서 쓰레기 종량제 봉투를 꺼내자 지니가 질색했다.

"자, 잠깐! 기억은 곧 돌아올 거야. 그런 느낌이 들어. 그럼 꽤 쓸모 있을걸. 아니! 쓸모 있을 거야!"

눈치는 빨라 가지고.

"기억이 돌아와도 딱히 쓸모가 생길 것 같지는 않은데."

"그렇다고 버리려고? 램프가 매장이라도 되면 나는 영원히 혼자여야 한다고."

듣고 보니 그건 조금 가혹한 것 같기도 했다. 귀신이든 요정 이든 혼자 남겨지는 건 싫을 테니까.

"제발. 날 버리지 마."

그렇다고 애원까지 하는 건 반칙이다. 마음이 약해질 수밖에 없지 않은가. 나는 온 힘을 다해 겨우 지니를 뿌리친 다음 물었다.

"너 집안일 잘해?"

"열심히 할게!"

그래. 어차피 독립할 계획이었다. 청소 같은 집안일을 해 줄 노동력이 있는 게 나을지도 모르겠다. 나는 램프를 들고 나가 거실의 소파 테이블 위에 내려놓았다.

지니에게 TV를 틀어준 다음 냉장고 앞으로 갔다. 안에는 엄마가 아침에 만들어 놓고 간 도시락이 들어 있었다. 도시락통을 꺼내서 열어 보니 유부초밥이 가지런하게 들어 있었다.

"내가 좋아하는 거 해 났네."

나는 유부초밥을 하나 꺼내 입에 넣었다. 달콤하면서도 짭조름한 맛이 괜찮았다. 도시락통을 들고 소파에 앉은 나는 지니에게도 권했다.

"하나 먹을래?"

"나 음식 안 먹는데."

"귀신이니까?"

"요정이니까."

안 먹겠다는데 굳이 강요하고 싶은 마음은 없었다. 나는 TV를 보며 유부초밥을 깨끗하게 먹어 치웠다. 다 먹은 도시락통을 램프 옆에 내려놓고 비스듬하게 눕자, 몸이 축 가라앉았다.

밥을 먹자마자 바로 누우면 엄마한테 등짝을 맞지만, 지금은 혼자니까 괜찮다. 켜 놓은 TV 속 출연자의 목소리가 조금씩 아득해졌다.

'목말라.'

게슴츠레 눈을 뜨면서 시야가 넓어지자 여전히 옆에서 TV를 시청 중인 지니가 보였다. 아무래도 잠들었던 것 같았다.

바스락거리는 기척을 느꼈는지 지니가 돌아보았다.

"깼어? 더 잘 거면 들어가서 자."

눈을 떴을 때 다른 사람이 곁에 있는 게 낯설었다. 게다가 상대는 만난 지 하루도 안 되는 사람이었다.

아, 사람은 아니구나. 사람이 아니니까 괜찮으려나.

"지금 몇 시야?"

"열 시."

"엄마는 아직도 안 들어오신 거야?"

"응. 아무도 안 왔어."

밥 먹고 잠깐 누우려고 했을 뿐인데 아주 푹 자버린 모양이다. 몸을 완전히 일으키자 TV 화면이 보였다. 내가 틀어 놓은 건 예능이었는데, 드라마가 흘러나오고 있었다. 그다음 눈에 들어온 건 테이블이었는데, 유부초밥이 담겨 있던 도시락통이 치워져 있었다.

나는 흡족한 얼굴로 물었다.

"뭘 보고 있는 거야?"

"저 여자가 지금까지 괴롭혔던 여자 주인공이 자기 친딸이었다는 걸 알게 됐어."

지니는 TV에서 시선을 떼지 않고 답했다. 흐음. 나는 못마땅한 얼굴로 물었다.

"내가 그 쪽에게 어떤 존재라고 했지?"

"주인님?"

"그런데 왜 반말이야?"

지니가 돌아보았다.

"주인님은 몇 살인데?"

"열일곱."

자신을 손가락으로 가리킨 지니가 물었다.

"그럼, 난 몇 살일까?"

순간적으로 말문이 막혔다. 지니는 내 또래처럼 보였다. 나보다 한두 살 정도 많을 것 같았지만, 지니라는 특수성을 고려해야 했다.

"혹시, 백 살이 넘어?"

"나도 모르지."

가벼운 대답에 절로 한숨이 흘러나왔다.

"대체 넌 아는 게 뭐야?"

"이상하게 반말이 자연스러워. 그건 나이가 많다는 증거 아닐까? 너도 그냥 지금처럼 말 놔. 내가 손해인 것 같지만 참아 줄게. 주인님이니까."

나는 소파에서 일어났다. 지니와 계속 얘기하다가는 멍청이가 되어버릴 것 같았다. 공부하면서 마실 주스를 챙겨서 방으로 들어가려다가 물었다.

"기억을 찾아서 만나고 싶다던 사람을 만나면 너는 어떻게 되는 거야? 성불하는 건가?"

"성불은 귀신이 하는 거지. 램프가 깨지지 않는 한 난 영원할 거야. 확실하진 않지만 그런 느낌이 들어. 그러니까 주인님이 날 버리지 않는다면 계속 함께 있겠지. 주인님의 아이가 아이를 낳는 모습까지 보면서."

"음. 그건 좀 슬픈 얘기 아니야?"

"슬퍼?"

지니는 이해할 수 없다는 듯이 되물었다.

"영원히 지켜본다는 건 조금 슬픈 것 같은데."

"아니야. 잘은 알 수 없지만, 내가 바라는 게 그거 같아."

"지켜보고 싶은 게 나는 아닐 테고, 찾는다는 사람?"

"그런가? ……아마도 그렇겠지?"

분위기가 무거워져 버렸다. 지니의 존재를 규정할 수는 없지만 일단 보이고, 들리고, 만져진다는 점에서 실체를 갖는다. 솔직히 귀신이라고 놀리고는 있지만, 귀신 같은 게 아니라는 건 알겠다.

"넌 도비 같은 집 요정 종류가 아닐까?"

"그게 뭔데?"

"도비 몰라? 영화에 나오는데."

"네가 집에서 그 영화를 보지 않았다면 난 모르지."

그런 제약이 있구나. 나는 친절하게 설명해 주기로 했다.

"도비는 집안일을 해 주는 요정이야. 램프의 지니보다는 그쪽이 더 맞는 것 같은데. 잠깐만 기다려 봐."

방 안으로 들어가 옷장에 딸린 서랍장을 열었다. 아무렇게나 엉켜 있는 양말 중에서 한 짝을 꺼내 지니를 향해 내밀었다.

"자, 넌 이제 자유야."

양말을 받아 든 지니가 나를 빤히 보았다.

"너 설마, 양말을 뒤집은 채로 빤 거야? 이렇게 빨면 제대로 안 빨려."

"잔소리는. 아무튼, 어때? 뭔가 자유로움이 느껴지지 않아?"

"전혀. 조금도."

"이상하네. 역시 도비는 아닌가."

괜히 실망한 나는 지니의 손에 들린 양말을 도로 빼앗았다. 짝도 맞추지 않은 채 대충 넣어 둔 양말 위에 다시 휙 던진 다음 서랍을 닫았다.

내 모습을 지켜보던 지니가 질색했다.

"그걸 그렇게 넣고 닫는다고?"

"괜찮아. 속옷이랑 양말은 내가 빨고 정리하니까."

엄마의 잔소리가 닿지 않는 영역이라고 할 수 있다.

"저런 건 '정리'라고 말할 수 있는 게 아니야. 그냥 처박아 두는 거지."

"엄마도 잔소리 안 하시는데."

"포기하신 게 아닐까. 아무튼 주인님은 내가 지니가 아닌 다른 무언가라고 생각하는 거야?"

"일단 넌 파랗지가 않잖아."

"다른 지니는 파래?"

갑자기 말문이 막혔다. 다른 지니를 본 적이 없으니 확언할 수 없었다.

"아마도?"

"그렇구나."

무언가 깨달음을 얻은 듯한 지니였다.

나는 램프를 다시 방에 가져다 두었다. 일단 집안일을 맡기기로 했으니 지니가 원하는 대로 데리고 다니기로 했다. 오랜 시간 갇혀 있었다니 불쌍한 것 같기도 하고…….

언젠가 지니가 기억을 떠올려 그 사람을 찾을 때까지만이다. 그때는 그 사람에게 보내 주면 되겠지.

"얌전히 있어. 괜히 엄마한테 들키지 말고."

나는 마음을 가다듬고 책상 앞에 앉았다. 하늬의 조언대로 수학 공부부터 시작하기로 했다.

태블릿 PC를 켜 놓고 인터넷 강의를 듣는데 시작부터가 문제였다. 설명이 잘 이해되질 않아서 멍하니 보고만 있었다.

그런데 옆에 있던 지니가 말했다.

"답은 백팔십오."

"뭐?"

"지금 풀어 주는 문제 말이야."

"장난치지 마."

잠시 후, 영상 속의 강사가 수식으로 칠판을 가득 메운 다음에야 나온 정답은 놀랍게도 185였다. 나는 인터넷 강의를 정지시키고, 교재의 다음 문제를 지목했다.

"이 문제는?"

지니가 문제를 스윽 읽더니 말했다.

"삼십팔."

교재 뒤에 있는 정답지를 확인해 보니 또 정답이다. 그다음에도 지니는 문제를 술술 풀어 갔다.

나는 비로소 지니의 쓸모를 찾아냈다.

"너 정말 내가 국영수 평균 팔십 점 받게 도와줄 수 있어?"

"부정행위는 안 돼. 네가 노력한다는 전제로 공부를 도와줄 수는 있어."

나도 부정행위를 바란 건 아니다. 안 하던 공부를 하려니 막막해서 누군가 도움을 주길 바랐을 뿐이다. 그런데 지니를 믿어도 될까.

"나한테는 굉장히 중요한 시험이야. 아빠를 만나야 하거든."

"알아. 나도 네가 아빠를 만나길 바라. 그래야 램프에 관해 물어봐 줄 수 있을 것 아니야. 네 아빠는 나에 대해서 알고 있을 수도 있어. 적어도 램프를 어디서 얻었는지라도 들을 수 있겠지."

일단 목표가 일치했다는 건 알겠다.

"날 확실하게 도와주면, 나도 네가 기억을 찾을 수 있도록 협조할게."

"대신 잘 따라와야 해. 게으름 부리지 말고."

그렇게 지니와 나의 동맹이 시작되었다.

◇◇◇

"일어나."

나를 깨우는 엄마의 목소리가 평소와 달랐지만 잠결이라 위화감을 느끼지 못한 채 웅얼거렸다.

"십 분만."

"십 분은 무슨 십 분이야. 십 분 같은 소리 하지 말고 일어나."

이렇게 신경질적인 목소리는 엄마가 아니다. 더 낮고, 울림이 있다. 심지어 남자 목소리인데? 아, 지니구나. 부스스 몸을 일으키며 눈을 뜬 나는 불퉁한 목소리로 불만을 토로했다.

"오늘 토요일이잖아."

"그 성적으로 잠이 오냐? 일어나."

우이씨.

지니의 닦달을 이기지 못하고 일어나 시간을 확인해 보니 7시였다. 토요일이라 늦잠을 자려고 했었는데 틀려 버렸다.

"쉬는 날인데 너무하네."

"너무고 뭐고 하루를 시작해야지. 열심히 한다며."

"할 거야. 열심히."

나는 램프를 들고 거실로 향했다.

엄마는 언제 들어왔다가 나갔는지 아침밥이 차려져 있었다. 램프를 적당한 곳에 내려놓고 숟가락을 들자, 지니가 옆에 와서 앉았다.

"몇 시까지 자려고 한 거야? 주말이라고 늘어지면 안 돼."

"엄마냐. 잔소리는."

아니다. 이 정도면 엄마보다 잔소리가 더 많은 것 같았다. 애초에 엄마는 바빠서 지니처럼 나를 졸졸 따라다니면서 잔소리하지 않는다.

첫술을 뜨는데 지니가 말했다.

"국, 영, 수 세 과목 평균 팔십 점 받겠다며. 한 달밖에 안 남은 것 알지? 밥 먹고 기말시험 때까지 지킬 계획표부터 만들자."

"……그럴까."

그런 건 내가 또 잘하지.

밥을 먹고 대강 치운 나는 마음을 가지런히 하고 책상 앞에 앉았다. 평일과 주말 계획을 나누어서 짜려고 A4 용지를 두 장 꺼내 커다란 원을 그렸다.

일단 평일 계획부터 세웠다. 학교에 가 있는 시간과 잠자는 시간을 제외하니 시간이 그렇게 많지 않았다.

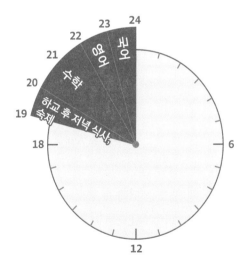

음. 수학 공부 시간이 조금 부족한 것 같았다. 솔직히 말하면 내 수학 실력은 처참하다. 한 시간은 더 늘려야겠다.

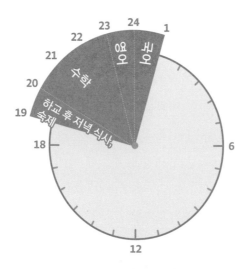

이대로만 하면 평균 80점은 받을 수 있지 않을까? 보람찬 하루가 될 것 같아서 뿌듯함이 밀려왔다.

곁에서 보고 있던 지니가 넌지시 물었다. 그럴 리 없지만 눈빛에서 한심함이 묻어나는 것 같았다.

"너는 계획표를 왜 만드는 거라고 생각해?"

"시간 낭비를 줄이려고? 아니다. 계획표대로 빈틈없이 공부하려고!"

"둘 다 맞는 말이긴 해. 하지만 더 중요한 건 나만의 루틴을 만드는 거야. 몸에 공부 습관을 들이는 거지. 그러니까 주말에도 아침 일곱 시가 되면 자연스럽게 눈을 떠서 책상 앞에 앉을 수 있도록 말이야."

"그건 로봇 아니냐? 토요일 아침 일곱 시면 누워있고 싶은 게 정상이야."

"그러니까 습관이 중요하다는 거지. 너는 토요일 아침 일곱 시에 누워 있는 게 습관으로 잡혀 있을 뿐이니까."

반박할 말을 찾지 못하겠다.

"되게 그럴싸하게 들린다."

"중요한 건 반복이야. 하루만 하고 끝낼 거라면 계획을 세울 필요도 없어."

나는 신중하게 고민해 보았다. 지니 말이 틀린 게 하나 없었다. 조금 꼰대 같다는 것과 신경을 살살 긁는 화법이 문제였지만 그 정도는 너그럽게 넘어갈 수 있었다.

"좋았어. 반복해 주지. 기말시험 끝날 때까지 포기란 없어!"

나는 충만한 의지를 담아 선언했다. 그런데 지니가 내 의지에 재를 뿌렸다.

"그럼 계획표를 다시 작성해 봐."

"왜?"

"이대로는 사흘도 못 갈 것 같은데?"

"나 무시하냐? 난 한다면 하는 사람이야."

"쉬는 시간이 오 분도 없잖아."

"오 분 정도는 융통성 있게 쉬어야지. 중간중간."

"그렇게 오 분이 오십 분 되고, 다섯 시간이 되는 거야."

아, 또 잔소리다. 불만스레 바라보자, 지니가 다시 말했다.

"책상 앞에 앉아 있는 시간도 중요하지만, 지금의 너한테는 시험 전까지 끝내야만 하는 학습 분량이 있잖아. 그러니까 일 단위로 어떤 과목을 어디서부터 어디까지 공부하겠다는 구체적인 목표가 필요해."

이 역시 그럴싸하게 들렸다.

"하루에 끝내야 하는 분량까지 포함해서 계획표를 세우라는 거지?"

"아니면 앞부분만 공부하고 시험을 보게 될걸."

나는 눈을 한 번 깜빡거렸다. 이 자식, 어떻게 알았지?

"지난 시험에 내가 딱 그랬는데."

"그러니까 다시 계획을 짜 보자. 이번에는 휴식 시간도 넣고, 공부 분량도 넣어서."

나는 먼슬리 다이어리를 한 장 뽑아서 계획표를 세웠다. 수학 시험 범위를 살피는 내게 지니가 몇 가지 조언을 더 했다.

"우선 급한 건 수학이니까 보름 동안은 수학만 중점적으로 공부하자. 그다음에 국어와 영어 공부를 병행하는 게 좋을 것 같아."

"하긴 영어랑 국어는 그렇게 성적이 나쁘지 않거든."

지니의 조언대로 그날그날 공부해야 할 분량을 나누어 계획표를 짜고 나니 시간이 얼마 남지 않았다는 게 느껴졌다.

새로 작성한 계획표를 보여 주자 그제야 지니가 고개를 끄덕였다.

시험 준비 영역

제2교시

시험공부 계획표

시험공부 계획표가 필요한 이유는 무엇일까요?

첫 번째는 목표한 분량을 빠짐없이 실행할 수 있도록 하기 위함입니다. 일 단위로 어떤 과목을 어디서부터 어디까지 공부하겠다는 구체적인 계획을 세워 시험 전까지 목표한 모든 분량을 반드시 끝낼 수 있게 합니다.

두 번째는 매일 같이 반복할 수 있는 자신만의 공부 루틴을 만들기 위함입니다. 공부 습관이 몸에 배어 정해진 시간이 되면 자연스럽게 책상 앞에 앉을 수 있어야 합니다. 이때 중요한 것은 중간중간 휴식 시간을 넣어 현실적으로 실행 가능한 공부 계획표를 세우는 겁니다.

Study Planner

	월 D-29	화 D-28	수 D-27	목 D-26	금 D-25		토 D-24	일 D-23
	숙제, 저녁 식사					기상, 아침 식사		
08:00–09:20								
19:00–20:20						09:30–10:50	수학 개념서 5단원	수학 개념서 6단원
						11:00–12:20		
						점심 식사, 자유 시간		
14:00–15:20								
20:30–21:50	수학 개념서 4단원			수학 개념서 5단원		15:30–16:50	수학 개념서 6단원	수학 교과서
						17:00–18:20		
22:00–23:20						저녁 식사, 자유 시간		
						20:00–21:20		
23:30–24:50						21:30–22:50	수학 개념서 6단원	수학 교과서
						23:00–24:20		

	월 D-22	화 D-21	수 D-20	목 D-19	금 D-18		토 D-17	일 D-16
	숙제, 저녁 식사					기상, 아침 식사		
19:00- 20:20						08:00- 09:20	수학 유형 문제집 5단원	수학 유형 문제집 6단원
						09:30- 10:50		
						11:00- 12:20		
20:30- 21:50	수학 유형 문제집 4단원			수학 유형 문제집 5단원		점심 식사, 자유 시간		
						14:00- 15:20	수학 유형 문제집 6단원	영어 교과서 7단원
						15:30- 16:50		
22:00- 23:20						17:00- 18:20		
						저녁 식사, 자유 시간		
23:30- 24:50						20:00- 21:20	수학 유형 문제집 6단원	영어 교과서 8단원
						21:30- 22:50		
						23:00- 24:20		

	월 D-15	화 D-14	수 D-13	목 D-12	금 D-11		토 D-10	일 D-9
	숙제, 저녁 식사					기상, 아침 식사		
19:00- 20:20	수학 기출 문제집 4단원				수학 기출 문제집 5단원	08:00- 09:20	수학 기출 문제집 5단원	수학 기출 문제집 6단원
						09:30- 10:50		
						11:00- 12:20		
20:30- 21:50	영어 부교재 (1회 독 끝)	영어 교과서 7단원	영어 교과서 8단원	영어 부교재 (2회 독 끝)	영어 자습서 문제집	점심 식사, 자유 시간		
						14:00- 15:20	영어 교과서 7단원	영어 부교재 (3회 독 끝)
22:00- 23:20						15:30- 16:50		
						17:00- 18:20		
						저녁 식사, 자유 시간		
23:30- 24:50						20:00- 21:20	영어 교과서 8단원	국어 교과서 2, 6단원
						21:30- 22:50		
						23:00- 24:20		

	월 D-8	화 D-7	수 D-6	목 D-5	금 D-4		토 D-3	일 D-2
	숙제, 저녁 식사						기상, 아침 식사	
19:00-20:20	수학 유형 문제집 오답			국어 문법 인강		08:00-09:20	영어 교과서 7단원	수학 기출 문제집 오답
						09:30-10:50		
						11:00-12:20		
20:30-21:50	국어 교과서 5단원 (1회 독 끝)	국어 교과서 2, 6단원	국어 교과서 5단원 (2회 독 끝)	국어 교과서 2, 6단원	국어 교과서 5단원 (3회 독 끝)		점심 식사, 자유 시간	
						14:00-15:20	영어 교과서 8단원	국어 교과서 2, 6단원
22:00-23:20						15:30-16:50		
						17:00-18:20	저녁 식사, 자유 시간	
23:30-24:50						20:00-21:20	영어 부교재 (4회 독 끝)	국어 교과서 5단원 (4회 독 끝)
						21:30-22:50		
						23:00-24:20		

	월 D-1	화 D-DAY
종일	내일 시험 준비	기말 고사 시작!

※ 이 계획표는 이후 하늬의 조언에 따라 수정을 거쳐 완성된 최종본입니다.

시험 범위	과목별 목표	시간표	
		주중 루틴	주말 루틴
수학 교과서: 4, 5, 6단원 **영어** 교과서: 7, 8단원 부교재: 14~18강 **국어** 교과서: 2, 5, 6단원	**수학** ① 개념서, 교과서 공부 ② 유형 문제집 풀기 ③ 모의고사 기출 문제집 풀기 ④ 오답 정리 **영어** ① 교과서, 부교재 4번 읽기 ② 자습서 문제집 풀기 **국어** ① 교과서 4번 읽기 ② 국어 문법 인강 듣기	※ 저녁 7시부터 새벽 12시 50분까지 공부 ※ 1시간 20분 공부 + 10분 휴식 반복 ※ 총 5시간 20분 공부 저녁 식사, 숙제, 자유 시간 ① 19:00~20:20 ② 20:30~21:50 ③ 22:00~23:20 ④ 23:30~24:50	※ 아침 8시부터 새벽 12시 20분까지 공부 ※ 1시간 20분 공부 + 10분 휴식 반복 ※ 총 12시간 공부 아침 식사, 자유 시간 ① 8:00~9:20 ② 9:30~10:50 ③ 11:00~12:20 점심 식사, 자유 시간 ④ 14:00~15:20 ⑤ 15:30~16:50 ⑥ 17:00~18:20 저녁 식사, 자유 시간 ⑦ 20:00~21:20 ⑧ 21:30~22:50 ⑨ 23:00~24:20

"이제 제법 현실적이네. 다시 말하면 이걸 하루라도 어기면 평균 팔십 점은 물 건너가는 거야."

"너 정말 냉정하구나?"

사람이 아니라서 그런지 피도 눈물도 없다. 불만 가득한 시선을 보냈지만, 지니는 신경도 쓰지 않는 기색이었다.

"현실적인 거지. 네가 자는 동안 살펴봤는데 수학 개념서가 없더라. 학교에 두고 왔어?"

"아니. 난 문제집부터 푸는데."

"그럼 나가서 개념서 한 권 사 와."

"문제집 많아."

"너한테 지금 필요한 건 개념 정리야. 어차피 문제 풀려고 해도 잘 안 되잖아."

하늬도 그렇고 지니도 그렇고 왜 내 주변의 존재들은 부정할 수 없는 사실로 날 아프게 하는 걸까.

"알았어. 사 오면 되잖아."

대충 핸드폰만 챙겨 들고, 옷장 서랍을 열었다. 양말을 꺼내려던 나는 흠칫 놀랐다. 자유분방하게 흐트러져 있던 양말이 짝을 맞춰서 가지런히 정돈되어 있었다.

"네가 한 거야?"

"심심해서 정리해 봤어."

지니에 대한 애정이 10 정도 상승하는 걸 느끼며 말했다.

"고마워."

양말을 꺼내 신고 방을 나서려는데 구석에 치워둔 택배 박스들이 눈에 밟혔다. 나는 지니가 들어 있던 박스의 주소를 확인했다.

아빠가 아직도 이 주소에 살고 있는지는 모른다. 하지만 확인해 두어서 나쁠 건 없을 듯했다. 나는 책상에 앉아 A4 용지 한 장을 꺼내 망설임 없이 문장을 써 내려갔다.

아빠에게.

음. 오그라든다.

아버지께.

더 오그라든다. 그냥 다시 아빠인 편이 낫겠다.

보내 주신 생일 선물들을 이제 받았어요. 시간이 지나서 아직 이곳에 계실지는 모르겠지만 답장을 씁니다. 엄마와 나는 잘 지내고 있어요.
아빠는 잘 지내고 계세요?

여기까지 쓰고 보니 할 말이 떨어졌다. 이 편지는 일종의 보험이었다. 시험 성적이 기대한 것만큼 잘 나오지 않을 수 있으니 말이다.
아빠가 나를 찾게 만들려면 어떤 말을 더 해야 할까.
고심하는데 지니가 물었다.

"네 아빠에게 보내는 거야?"

"응. 이걸 받으면 아빠가 나한테 연락하고 싶어지지 않을까?"

"글쎄?"

돌아온 대답은 부정적이었다. 심금을 울리는 내용은 아니지만, 그래도 아들이 처음으로 보낸 답장인데…….

지니가 어이없다는 듯한 얼굴을 하더니 물었다.

"아니. 그보다 너 아빠 연락처가 없어?"

"엄마가 가르쳐 주질 않아. 에스엔에스도 안 하시는 것 같더라고. 저번에 한번 검색해 봤거든."

손으로 턱을 매만지던 지니가 비장한 얼굴로 말했다.

"그럼. 이걸로는 부족해. 보고 싶다고 한 줄 정도 더 써 봐."

"돌았냐?"

생각만 해도 소름이 끼쳤다. 내가 격렬하게 거부했지만, 지니는 펜을 들어서 내게 내밀었다.

"눈 한 번 딱 감고 써."

"말도 안 돼. 그런 말을 어떻게 써."

가끔 그 존재가 궁금하거나 허전할 때는 있었다. 어버이날이나 설날, 추석 같은 때 말이다. 하지만 보고 싶지는 않았다.

기억도 나지 않는 상대를 보고 싶어 할 만큼 감수성이 풍부하지는 않다. 애초에 추억이 있고, 정이 들었어야 그런 마음도 드는 것이다.

내가 거부했음에도 지니는 뜻을 굽히지 않았다.

"목적을 이뤄야지. 굳이 편지를 쓰는 이유는 너에게 먼저 연락하도록 만들고 싶어서잖아."

"그렇기야 하지."

"넌 할 수 있어. 쓰는 거야."

목적. 그래. 목적을 생각해야 했다.

나는 부들거리는 손으로 펜을 들었다. 이렇게 오그라드는 말이라도 써 둬야 양육비를 받아 내기가 수월할 테니까.

보고 싶어요.

지니의 권유대로 한 줄을 덧붙이고 나자, 자괴감이 밀려들었다. 이대로 끝내는 건 민망할 것 같아서 한 줄을 더 적었다.

추신 : 도대체 나한테 뭘 보낸 거예요? 이 램프는 진짜 특이하네요.

편지를 다 쓰고 나서 봉투에 넣었다. 보내는 사람에 우리 집 주소를 쓰고, 내 핸드폰 번호까지 적어 넣었다. 받는 사람 주소는 가장 최근에 보낸 택배 박스에 적힌 그대로 옮겨 적었다.

핸드폰 번호가 없어도 우편은 도착한다. 편지를 가방에 넣자, 지니가 말했다.

"주말이라 우체국 안 할 텐데."

"무인 우편 창구 이용하면 돼. 주말에도 운영하거든."

"그런 게 있어? 아무튼 나는 놓고 가."

램프를 가방에 넣어 갈 생각이었던 나는 눈을 한 번 깜빡였다.

"같이 데리고 가 달라고 할 줄 알았는데?"

"수학 시험 범위 한번 훑어보려고."

"나보다 더 열심이네."

"지금의 나는 쓸모를 입증해야 하는 처지라서. 아니면 또 종량제 봉투에 들어갈 거 아니야."

아무래도 종량제 봉투 협박은 그만해야겠다. 살짝 반성했지만 내색하지 않은 채 대꾸했다.

"좋은 생각이야."

지니를 응원한 다음 모자를 눌러쓰고 지갑을 챙겼다. 현관문 밖으로 나가자 쌀쌀해진 공기 때문에 어깨가 움츠러들었다.

동네에 있는 작은 서점까지는 걸어서 5분 정도 걸린다. 슬렁슬렁 걸음을 옮기는데 등 뒤에서 가벼운 목소리가 들렸다.

"어디 가?"

화들짝 놀라 돌아보니 하늬가 서 있었다.

"난 서점 가는데. 너는?"

"아빠가 계셔서 스카 가려고."

"스터디 카페에서 하면 공부 잘돼? 나도 스카나 가 볼까?"

"집에 아빠가 계시면 자꾸 나가서 놀라고 하니까 도망치는 거야."

"스카는 별로야?"

"사람마다 다른 것 같던데. 나는 내 방이 공부하는 공간으로 인식되어 있어서인지, 집에 있을 때 집중이 더 잘되는 것 같아. 서점은 왜?"

"수학 개념서 한 권 사려고. 만난 김에 나한테 맞는 걸로 골라 주고 가라."

"그러자."

하늬가 웃자, 나도 따라 웃었다.

동네 서점은 아담했다. 안으로 들어서자, 책 특유의 냄새가 코끝을 간지럽혔다. 규모가 크지 않은 데다가 대부분 참고서 위주로 진열되어 있어서 '수학' 코너로 찾아가면 되었다. 그중에서도 수학 개념서들만 모여 있는 책장이 있었다.

앞에 서서 훑어보니 종류가 많기도 했다.

"개념서 중에서 스테디가 뭐야?"

하늬가 당연한 걸 묻는다는 듯이 대답했다.

"교과서."

"수능 만점자에 빙의했냐. 너만 혼자 수학 만점 받지 말고 빨리 비밀을 공유해."

"나는 시험공부할 때 교과서부터 먼저 풀어. 그다음에 개념서로 정리하고, 마지막으로 문제집을 풀거든. 나는 수능 만점자가 교과서 위주로 공부했다는 말이 정답이라고 생각해. 물론 교과서만 본 게 아니라, 교과서부터 본 거지."

"그 뒤에 기타 등등이 생략되었지만, 핵심이기는 하다?"

"응. 너는 시작이니까 교과서부터 봐야지. 하지만 수업 시간에 딴짓을 했어서 이해가 잘 안될 수는 있으니까 보조할 만한 개념서가 있는 게 낫긴 하겠다."

말하며 책을 훑어본 하늬가 노란색과 파란색으로 포인트 글씨가 인쇄된 두툼한 개념서 한 권을 집어 들었다.

"이게 좋겠어. 교과서랑 같이 보는 개념서야. 풀이도 꽤 자세해서 지금 네가 보기에 괜찮을 것 같아."

하늬가 추천해 준 개념서를 집어 들고 페이지를 훑어보았다.

"너도 이 개념서로 공부했어?"

"중학교 때 이걸로 선행했거든. 내가 읽은 개념서 중에서는 제일 설명이 친절한 것 같아서 추천하는 거야."

"개념서를 몇 권이나 읽었는데?"

"이것까지 세 권."

개념서만 세 권을 읽으면서 반복 학습을 했다는 거다. 내가 게임 하고 있을 때 하늬는 계속 공부했을 테니 격차가 벌어지는 건 당연한 일인지도 모른다. 역시 노력 없이 이루어지는 건 없다.

공부 동기 부여 영역

제1교시 **공부는 재능이 아닌 노력**

공부에도 재능의 차이는 있습니다. 같은 수업을 듣고, 같은 문제집을 풀고, 같은 시간을 공부해도 남들보다 빠르게 습득하고 성적도 잘 받는 사람이 있습니다. 하지만 그 차이는 크지 않아요. 보통의 사람이 40점의 재능을 갖고 시작한다면, 재능을 가진 사람은 50점부터 시작하는 정도랄까요.

둘 다 노력해서 100점에 도달해야 하는 건 같습니다. 재능이 있다면 조금 더 빨리 도달할 수 있을 뿐이에요. 하지만 그조차 10점 정도의 차이일 뿐입니다.

많은 시간을 들여 진심으로 공부한다면 충분히 따라잡을 수 있습니다. 물론 여러분이 이대로 멈춰있다면 격차는 점점 더 벌어지게 될 겁니다.

89

"나도 다른 개념서를 더 사 볼까?"

"아니, 지금은 이 한 권이면 충분해. 시험까지 이 개념서를 옆에 두고 필요할 때마다 계속 보는 거야."

"이것부터 완벽하게 내 것으로 만들라는 거지?"

"응."

"좋아. 이걸로 시작할게."

나는 하늬가 고른 개념서를 들고 계산대로 향했다. 계산하고 밖으로 나오자 의욕이 충만해졌다. 뭐든 잘될 것만 같았다.

"나 수학 백 점 받으면 어쩌지?"

"그럼 야자 심화반 들어가겠네."

"아, 그렇네."

우리 학교에는 야자 심화반이라는 제도가 있다. 전교 등수로 상위 30명을 모아 놓고 관리한다고 보면 쉽다.

"생각해 보니까 수학 백 점을 받아도 전교 삼십 등은 무리야. 이번 시험은 국영수 위주로만 공부할 거거든. 그런데 넌 왜 야자 심화반에 안 들어가? 야자 심화반에 들어가면 진학 상담도 해 주고, 생기부도 신경 써서 관리해 준다던데."

"별로 들어가고 싶지 않아서."

"설마 나랑 같이 집에 가려고 거절한 거냐."

농담이었는데 하늬가 진지하게 대답했다.

"그보다는 야자 심화반은 성적 순서대로 책상을 놓고 앉잖아. 성적표 나올 때마다 성적이 오르면 앞자리로, 떨어지면 뒷자리로 이동시키더라고. 그렇게 경쟁을 붙이는 게 싫어. 누군가를 이기기 위해서 공부하고 싶지는 않아."

나는 공부에 진심인 하늬를 볼 때마다 감탄하게 된다. 얘는 진짜다.

"너 방금 조금 멋있었어."

"그런데 어디가? 집으로 돌아가는 거 아니야?"

"아, 우체국 무인 창구에 가려고."

"우체국?"

"보내고 싶은 편지가 있어서."

편지라는 말에 하늬가 관심을 보였다.

"무슨 편지인데?"

"아빠한테 보내는 거야."

나는 편지를 슬쩍 꺼내서 보여 주었다. 하늬의 얼굴에 걱정이 어리긴 했으나 고개를 가볍게 끄덕였다.

"연락을 해 보는 것도 괜찮을 것 같아. 어쨌든 아빠잖아."

"그렇지."

어쨌든, 아빠니까.

"그럼 난 간다."

하늬는 스카를 향해 나아갔다. 담백한 작별이었다.

편지를 보내고 집으로 돌아온 나는 수학 교과서와 개념서를 나란히 펼친 다음 잠시 멍을 때렸다. 뭐부터 해야 할지 모르겠다.

옆에서 지켜보던 지니가 작게 한숨을 내쉬었다.

"시험 범위부터 체크해."

"아, 그래! 좋은 생각이야. 그래야겠다."

나는 시험 범위를 찾아서 체크했다. 생각보다 범위가 넓어서 하루에 익혀야 할 분량이 제법 되었다. 시험 범위 첫 페이지를 비장하게 펼쳐 놓고 보니 시작부터 막막했다.

"이 부분 이해 못 했었는데."

잠시 멍을 때리자 보다 못한 지니가 다시 나섰다.

"차라리 네가 좋아하는 게임이라고 생각해 봐. 게임에서 지형지물을 이용해 기믹을 풀어내는 것과 똑같아. 개념을 이용해서 문제를 풀어내는 거지. 시험은 타임 어택이라고 생각하면 되겠네. 어때? 이제 막 의욕이 생기지?"

"아니."

전혀 안 생긴다. 그래도 게임에 비유해서 그런지 거부감은 조금 줄어들었다.

"아무튼 그래서?"

"수학은 개념과 문제를 연결해서 공부하는 게 포인트야."

대충 무슨 말인지는 알겠지만, 너무 추상적으로 다가왔다. 내가 다시 멍을 때리자, 지니가 개념서를 몇 페이지 넘겨 예제를 찾아냈다.

"봐. 개념 설명 다음에 나오는 이런 예제는 풀이가 함께 있거든."

지니의 말대로였다. 문제집과 개념서가 다른 점이라면 예제 바로 아래에 정답과 풀이 과정이 자세히 설명되어 있다는 것이다. 그러고 보니 의아하기는 했다.

"문제를 풀어야 하는데, 왜 바로 풀이를 보여 주는 거야?"

"문제 풀이 과정에서 개념이 어떻게 쓰이는지를 설명하고 있는 거야. 그러니까 예제를 풀어서 정답이 나왔다고 해도 그냥 넘기면 안 돼. 내 풀이가 맞는지, 제대로 접근한 건지 읽으면서 확인해야지."

으음. 지금까지 나는 답 맞추기에만 열중했던 것 같다. 찍어서 맞췄어도, 정답이라면 그냥 넘어갔었다.

'그게 문제였던 건가?'

"그래도 개념서는 잘 고른 것 같네. 개념 설명도 자세한 것 같고, 예제 풀이에서 개념이 어떻게 쓰이는 지를 잘 짚어 주고 있어. 일단 교과서랑 이 개념서로 시험 범위까지 공부하면 되겠다."

지니가 처음으로 칭찬을 해 주었다. 역시 하늬에게 물어보기를 잘했다.

나는 기합을 넣고 시험 범위 첫 번째 단락을 읽어 내려가기 시작했다. 개념 설명을 정독했지만, 한 번에 이해가 되지는 않았다.

'좋아. 다시 읽자.'

오늘 이 개념을 부숴 버리겠다는 각오로 읽어 내려갔다. 세 번째 같은 단락을 읽고 있는데, 등 뒤에서 혀 차는 소리가 들렸다.

"왜 또? 뭐가 못마땅한데."

눈을 가늘게 뜨고 노려보자, 지니가 내가 읽던 단락을 손가락으로 짚었다.

"개념을 완전히 이해하고 넘어가려는 자세는 좋아. 하지만 이해되지 않는다고 해서 이 부분만 반복해서 읽는 것보다는 방금 말한 것처럼 예제를 함께 풀어 보는 게 더 나아. 예제를 풀고, 풀이를 확인하는 과정에서도 개념을 이해할 수 있거든."

"확실해?"

"개념 설명만 쭉 읽을 때는 일반화된 식으로 설명하니까 복잡하고 막연하게 느껴질 수 있어. 그럴 때 숫자나 그림을 예로 들어 설명하는 문제를 보면 그보다는 쉽게 이해할 수 있거든.

개념 설명을 읽고 충분히 고민해 봤는데도 이해되지 않으면, 표시해 둔 다음에 예제를 먼저 풀어 보는 걸 추천해."

"그래?"

어차피 더 고민한다고 해서 이해될 것 같지도 않으니 일단 넘어가는 게 낫겠다. 나는 지니의 권유를 받아들여서 예제 풀이를 시작했다.

나는 이전처럼 예제를 맞히는 데 열중하지 않았다. 정답을 맞혀 본 다음에는 풀이까지 꼼꼼하게 읽으면서 넘어갔다. 문제에 어떻게 활용되는지를 읽고 나니 막연하던 개념을 조금 알 것 같기도 했다.

나는 다시 표시해 둔 곳으로 돌아갔다. 조금 전까지만 해도 전혀 이해되지 않았는데, 예제 하나 풀어 봤다고 감이 좀 잡히는 것 같았다.

"됐어! 이대로면 난 백 점이야!"

"문제는 시간이지."

지니의 말에 붕 떠올랐던 기분이 다시 가라앉았다. 이 속도면 시험 범위를 다 보기 전에 12월이 찾아올 것 같았다.

"진도가 잘 안 나가긴 하지?"

"그런데 너 수학 선행하지 않았어? 여름 방학 때 수학 학원 다녔던 걸로 기억하는데."

수학 개념 공부의 목표

수학 개념 공부의 목표는 해당 개념으로 어떤 문제를 풀 수 있는지 파악하는 겁니다. 그러기 위해서는 우선 개념 자체를 열심히 이해해야 합니다. 이 개념이 어떤 원리로 유도되었으며 왜 이런 성질을 갖는지를 이해하면 문제에 자유자재로 적용해 풀어낼 수 있습니다. 하지만 충분히 고민해도 개념이 잘 이해되지 않는다면 예제를 함께 풀어 보는 것도 도움이 됩니다. 숫자, 그림, 그래프를 예로 들어 설명하는 예제의 풀이 과정을 통해 어려웠던 개념을 더 쉽고 직관적으로 이해할 수 있습니다.

거실에서 별의별 얘기를 다 들었구나. 지니의 말대로 나는 여름 방학 때 수학 학원에 다녔다. 유명한 일타 강사였는데, 한 타임에 수강생이 자그마치 100명이 넘었다.

"듣기는 했는데, 기억이 잘 안 나."

심지어 나는 수업에 빠진 적도 없었다. 그래서 조금이라도 도움이 될 줄 알았는데, 이렇게까지 기억이 하나도 안 날 수 있다는 사실이 놀라울 뿐이었다.

"선생님 구경하면서 비싼 공기 마셨구나."

"아니, 들어 봐. 여름 방학 안에 일 학년 이 학기부터 이 학년 끝까지 진도를 나갔잖아. 너무 진행이 빠르니까 내가 뭘 들었는지 모르겠더라고."

"수업을 감상만 하다 오는 건 시간 낭비일 뿐이야."

"뼈 그만 때려. 골절되겠어."

사실은 나도 시간 낭비였다는 데 동의한다. 방학 내내 아침 일찍 일어나 학원에 갔는데 차라리 그 시간에 잠이라도 푹 잤으면 건강이라도 얻었을 것 같았다.

"다시 공부할 거니까 말 시키지 마."

그래도 어려워하던 개념 하나를 이해하고 나니 자신감이 붙기는 했다. 게다가 다음 개념은 이미 이해하고 있는 내용이었다.

나는 집중해서 진도를 나갔다. 예상대로 두 번째 개념은 수월하게 넘어갈 수 있었다. 그래서인지 지니도 흡족해하는 얼굴이었다. 세 번째 개념까지 진도를 나가려는데 지니가 외쳤다.

"휴식!"

"세 번째 개념까지 읽고 쉬려고 했는데. 나 탄력받았어!"

"루틴을 만드는 게 중요하다니까. 쉴 때는 쉬어야 또 집중할 수 있어. 게다가 밥도 먹어야 하잖아."

"그런가."

허리가 뻐근하던 참이라 몸을 휙휙 꺾은 다음 냉장고 앞으로 갔다. 반찬을 꺼내 밥을 차려 먹은 다음 시간을 보니 약간 암담해졌다.

순조롭게 진행되고 있다고 생각했는데, 이 속도면 오늘 계획한 분량을 끝내지 못할 것 같았다. 첫날부터 어긋나는 셈이다.

아빠를 만나서 양육비를 무사히 받을 수 있을까?

'아니야. 받아야 해.'

신혼부부의 불순물이 될 수는 없었다. 약해지려는 마음을 다잡으며 설거지를 마친 순간 현관문이 열리는 소리가 들렸다.

화들짝 놀라 돌아보니 지니는 이미 모습을 감춘 다음이었다. 가슴을 쓸어내리며 엄마에게 말을 건넸다.

"다녀오셨어요."

"응. 우주 밥 잘 챙겨 먹었니?"

안으로 들어서는 엄마의 얼굴은 조금 상기되어 있었다. 주말인데 차려입고 외출한 걸 보니 역시 데이트였나 보다.

"응. 방금 설거지했어."

그런데 엄마는 옷을 갈아입으러 들어가는 대신 나를 응시했다.

"할 말 있어?"

"어, 아니."

회피하려는 것 같아서 엄마가 말하기 편하도록 내 쪽에서 먼저 운을 띄워 주었다.

"동완 삼촌이 프러포즈했다는 얘기 하려고?"

"어떻게 알았어?"

"삼촌이 나한테 먼저 괜찮은지 물어봤었거든. 나는 괜찮다고 했고."

엄마는 놀란 얼굴이었다.

하긴, 내가 생각해도 내 반응이 조금 쿨하긴 했다. 몇 년 전이었다면 드러누워서 싫다고 발버둥이라도 쳤을지 모른다. 하지만 엄마에게도 인생이 있다는 걸 이해하는 나이가 되어 버렸다. 내가 천년만년 엄마랑 둘이 살 것도 아니니까.

언젠가 나도 독립을 할 거고, 그럼 엄마는 혼자 남는다. 그냥 독립의 시기가 앞당겨졌다고 생각하면 된다.

"엄마는 좋다고 했어? 솔직히 동완 삼촌 괜찮잖아?"

"생각해 본다고 했어. 그런데 우주 넌 정말 엄마가 재혼해도 괜찮아?"

"나 다 컸어."

말꼬리를 늘리며 으스대자, 엄마가 픽 웃었다.

"다 컸다고 주장하는 거 보니까 아직 애네."

램프를 챙겨서 방으로 들어가려다가 문득 떠오른 질문을 했다.

"엄마는 아빠랑 왜 결혼했어?"

"잘생겨서."

아빠가 잘생겼었나. 기억을 더듬어 봐도 생각나는 게 없어서 맞장구쳐 주기가 힘들었다.

"동완 삼촌을 고민하는 건 아빠보다 못생겨서야?"

"다시 실패하고 싶지 않으니까. 어휴, 내가 너랑 별 얘기를 다 한다."

엄마는 쓰게 웃으며 안방으로 들어갔다. 나 역시 방으로 들어가 문을 굳게 닫았다. 나도 엄마도 불이 밝혀져 있는 거실로는 한동안 나가지 않았다.

◈◈◈

"어때?"

가방에 램프를 넣고 대문 밖으로 나온 나는 우쭐거리며 지니를 돌아보았다. 지니는 하늘을 올려다보고 있었는데, 그 자세 그대로 멈춰 버린 듯한 모습이었다. 램프에 갇혀 있었다고 했으니 오랜만에 보는 하늘일 테다.

'이 정도면 램프의 요정 지니가 아니라 그냥 램프의 죄수 아닌가?'

가볍게 불어온 바람에 지니의 앞머리가 흩날렸다. 선선한 바람을 한껏 느끼던 지니가 입술을 뗐다.

　"바람, 오랜만이다."

　하긴 집 안에만 있었으니 바람을 느낄 수도 없었을 테다.

　나도 지니를 따라 하늘을 올려다보았다. 가을 하늘은 높고 선명했다. 푸른 하늘 위에 점점이 떠 있는 흰색 구름이 귀엽게 느껴졌으나 오래 감탄할 만큼 특별한 풍경은 아니었다.

　내게는 일상이니까.

　한동안 하늘을 올려다보던 지니가 나를 돌아보았다.

　"고마워. 진심이야."

　얘가 또 분위기 잡으면서 사람 마음 약해지게 한다. 시험공부로 바쁜 와중에도 시간을 내서 나온 건 지니에게 바람을 쐐 주기 위함은 아니었다.

　"우선 다른 사람이 널 볼 수 있는지부터 확인해 보자."

　"그래."

　지니는 망설이지도 않고 척척 걸어가더니 길 가던 사람에게 말을 걸었다.

　"저, 죄송한데요. 가까운 지하철역이 어느 방향인가요?"

　"이쪽으로 쭉 가시면 나와요."

　친절하게 설명하고 멀어지는 사람의 모습을 확인한 다음 곁으로 돌아온 지니는 어깨를 으쓱였다.

"잘 보이나 봐. 목소리도 들리는 것 같고."

"너 우리 엄마한테 안 들키게 조심해야겠다. 귀신 들린 램프라고 처분될 수 있어."

"아, 그러네. 잘못하면 정말 종량제 봉투에 들어가는 수가 생기겠다."

위기감을 느꼈는지 지니의 얼굴이 창백해졌다.

"일단 가자. 돌아다니다 보면 뭔가 생각나는 게 있을지도 모르잖아."

우리는 대로변으로 나갔다. 근처 지하철 역사에서 사람들이 쏟아져 나와 분주하게 오가고 있었다. 주말이라 그런지 유독 유동 인구가 많았는데, 누군가를 기다리는 사람들과 섞이며 몹시 붐볐다.

램프를 넣은 큼지막한 가방을 크로스로 메고 있던 나는 사람들에게 부딪치지 않기 위해 구석으로 움직였다.

지니는 망연한 얼굴로 지하철역을 올려다보았다.

"기억나는 거라도 있어?"

내가 물었을 때 지니의 눈에서 눈물이 한 방울 떨어졌다.

"너 설마 우냐?"

"나는 왜 이렇게 슬픈 걸까?"

그걸 나한테 물어보면 어떻게 하란 말인가. 내가 당황해서 어쩔 줄 몰라 하는 동안에도 지니의 눈에서는 눈물이 방울지며 계속 떨어져 내렸다.

사람들이 수군거리며 우리를 힐긋거리기 시작했다.

"창피한데 그만 울지?"

"눈물이 멈추질 않아."

"그래. 실컷 울어라."

'나도 아빠를 만나면 울게 될까?'

아니다. 나한테 그런 감성이 있을 리 없다. 아빠가 양육비를 주지 못하겠다고 배 째면 분해서 울 수는 있겠다.

그런 생각을 하는데 지니가 중얼거렸다.

"나는 만나야 해. 만나서……."

"만나서?"

"그게 기억이 안 나."

아, 정말 김빠지네.

'지니는 어쩌다 램프에 갇힌 걸까?'

처음의 추측대로 귀신이라면 어린 나이에 생을 마감한 셈이다. 그럼 지니가 만나고 싶은 사람은 부모님일까?

아니면 주인의 인종과 나이대가 모습으로 반영되는 것일 수도 있다. 그렇다면 만나고 싶은 건 전 주인일 수도 있었다.

이제는 나 역시 지니의 정체가 궁금했다. 기억이 돌아오면 좋을 텐데 아쉬운 일이다. 물론 가장 답답한 건 지니겠지만.

내가 이런저런 생각을 하는 동안에도 지니의 눈에서는 눈물이 계속 흘러나왔다.

나는 지니가 감정을 갈무리할 때까지 가만히 기다렸다. 사소한 문제가 있다면 사람들이 우리를 힐긋거리고 간다는 것이었다.

'아, 쪽팔려.'

"우주야?"

익숙한 목소리에 돌아보니 하늬가 서 있었다. 나는 울고 있는 지니를 한 번, 하늬를 한 번 돌아보았다.

'망했네. 뭐라고 하지.'

머리를 굴리는데 하늬가 가볍게 손을 흔들고 순식간에 멀어져 갔다. 지니의 상태를 고려해서 자리를 피해 준 것 같았다.

핸드폰을 꺼낸 다음 하늬에게 메시지를 보냈다.

> 친척 형인데 소개하기에는 타이밍이 좀 그랬다.
> 어디 가는 길이야?

> 어제 갔던 스카가 조금 시끄러워서 옮기려고.

그래! 공부 열심히 해.

이 정도면 잘 수습한 것 같았다. 스마트폰을 다시 가방에 밀어 넣자, 지니가 다가왔다.

"생각나는 게 없으니까 더 답답해. 만나야 한다는 생각만이 머릿속을 맴돌아."

"내가 생각해 봤는데, 네가 이집트인은 아니잖아."

아무리 봐도 지니는 토종 한국인이다. 지니도 내 의견에 수긍했다.

"그렇긴 하지."

"주인에 맞춰서 모습이 변하거나, 아니면 네가 한국 사람이었던 게 아닐까?"

"내가 한국 사람?"

"램프의 요정이 되기 전에 말이야."

"그럴 수도 있겠네."

"주말마다 잠깐씩이라도 데리고 나와 줄 테니까 천천히 생각해 봐. 네가 누구인지, 누굴 만나고 싶은지."

"넌 좋은 주인인 것 같아."

갑자기 지니의 눈이 반짝이기 시작해서 슬쩍 시선을 피했다.

"내가 생각해도 그렇긴 하다."

"이제 돌아가서 공부하자. 내가 반드시 수학 팔십 점 이상 받게 해 줄게."

갑자기 의욕이 충전된 지니였다.

✏️✏️✏️

가방을 멘 나는 현관 앞에서 전신 거울을 살펴보았다. 삐져나온 교복 셔츠를 바지 안으로 집어넣고 보니, 지니가 방문 앞에 서 있는 게 보였다.

지니가 나올 수 있는 곳은 딱 저기까지다. 방문을 열어 두면 거실까지 한 걸음 반.

괜히 짠해지는 아침이다.

"다녀올게."

지니에게 인사하고 나가려던 때였다.

"저기, 학교에 데려가 주면 안 돼?"

"학교에?"

"우리 또래 같지 않아? 학교에 가 보면 생각나는 게 있을지도 모르잖아. 당연히 학교 안에서 이 상태로 돌아다니겠다는 건 아니야. 램프를 들고 가 주기만 하면 돼. 그러면 주변을 볼 수 있으니까."

지니를 학교에 데려가는 게 조금 불안하긴 했지만, 지니의 말도 일리는 있었다. 한 번 정도는 데리고 가 주는 것도 괜찮을 테다.

"한 번만이야. 그리고 학교에서는 모습을 드러내거나 나한테 말 걸면 안 돼."

"알았어."

지니는 고개를 격하게 끄덕였다. 나는 램프를 책가방에 넣고 출발했다. 씩씩하게 학교를 향해 가는데 옆집 대문이 열렸다.

나오다가 나를 발견한 하늬가 생긋 웃었다.

"일찍 나왔네."

"나 바른 생활 시작했잖아. 가자."

옆에 서서 걷기 시작하는데 하늬가 물었다.

"어제 사촌은?"

"잘 위로해서 보냈어. 엄청나게 큰일이 있었던 건 아니고, 그 형이 눈물이 좀 많아. 섬세하달까."

거짓말을 하려다 보니 괜히 말이 꼬이는 기분이었다. 다행히 하늬는 이상함을 느끼지 못한 것 같았다.

"큰일이 아니라면 다행이고. 너 독립하는 거 아주머니랑 얘기해 봤어?"

"아니. 엄마가 아직 재혼할지 결정 안 했다고 해서 조금 기다리려고. 시험 끝나고 말하는 게 제일 나을 것 같기도 하고."

하늬에게 상황을 설명하다 보니 괜히 기분이 이상해졌다. 운동화 끝을 보면서 걷는데, 하늬가 넌지시 말했다.

"그냥 아주머니에게 솔직히 말하는 게 어때? 재혼하시는 거 싫다고."

"싫지 않아."

"응?"

"정말로 싫지 않아서 이러는 거야."

하늬는 이해할 수 없다는 얼굴을 했지만, 더 물어보지 않았다. 대신 내 결심을 지지한다는 듯이 결연히 말했다.

"그래. 국영수 평균 팔십 점부터 받고 생각하자."

"네가 보기에는 내가 할 수 있을 것 같아?"

"넌 또 의외로 작정한 건 해내는 편이잖아. 게임할 때 보면 밥도 안 먹고, 잠도 서너 시간만 자던데. 그런 거 보면 은근히 독한 구석도 있는 것 같고."

"의지력이 있다고 순화해 주지 않을래."

"그래도 기운 없어 보이지는 않아서 다행이야."

솔직히 말하면 이건 지니 덕분이다. 옆에서 하도 잔소리를 하니까 독기가 충전된달까. 교실 안으로 들어가자, 반 정도는 자리에 앉아 있었다.

자리에 앉자, 지혁이가 나를 돌아보았다.

"하늬 말이야. 딱 청춘 드라마 여주 재질 아니야? 옆 반에 도윤이도 지난주에 고백했다가 차였다더라."

"그랬구나."

"너 알았어? 반응이 왜 그래."

"새삼스러운 일은 아니잖아. 우리 반 남자애들도 반 정도는 고백했다가 차이지 않았어?"

지혁이 납득했다는 듯이 고개를 주억거렸다.

"하긴. 그런데 하늬는 정말로 공부가 그렇게 재미있대?"

"그렇다던데."

내 친구지만 신기한 녀석이긴 하다.

"그런데 너는 하늬를 왜 안 좋아해?"

"나랑 하늬는 종족이 다르잖아. 원래 타 종족에는 관심이 가지 않는 법이야."

"하긴."

"바로 수긍하지 말아 줄래?"

수학 개념서를 펼쳐 놓고 읽어 내려가다 보니 1교시가 시작되었다. 1교시는 국어였다. 국어, 영어, 수학 중에서는 그나마 성적이 나은 과목이다.

'그런데 어떻게 월요일 일 교시부터 쪽지 시험이지?'

나는 막 받아 든 시험지를 앞에 놓고 침묵했다.

'문제가 총 열 개인가.'

나는 첫 번째 문제의 지문부터 신중하게 읽어 내려갔다. 국어는 문제만 잘 읽어도 절반은 맞는다. 열 개의 문제를 전부 푸는 데는 오래 걸리지 않았다. 마지막 문제까지 푼 다음 펜을 내려놓았다. 헷갈리는 문제가 한 개 있기는 했지만, 그런대로 괜찮게 본 것 같았다.

시험 시간이 끝나기를 기다릴 때였다. 속삭이는 듯한 목소리가 희미하게 들려왔다.

"뒤 페이지도 있어."

지니의 목소리에 소스라치게 놀란 나는 어깨를 들썩였다. 선생님의 불호령이 떨어질 거라는 생각에 몸이 저절로 움츠러들었다. 그런데 선생님은 미동도 하지 않은 채 우리들을 응시하고 있었다.

'설마, 목소리를 들은 사람이 나밖에 없는 건가?'

그렇다면 다행이었다.

가슴을 쓸어내리는데, 방금 지니가 한 말이 퍼뜩 떠올랐다.

아니, 잠깐만.

'뒤 페이지?'

무심코 시험지를 뒤집어 보니 세 문제가 더 있었다. 나는 눈을 동그랗게 뜬 채 지문을 읽어 내려가기 시작했다. 급하게 풀다가 시간이 부족해서 맨 마지막 문제는 거의 찍다시피 했다.

시험지를 내고 나니 자괴감이 밀려왔다. 왜 뒤 페이지로 문제가 이어질 수 있다는 생각을 하지 못한 걸까?

한마디로 멍청했다. 그래도 지니 덕분에 두 문제는 더 풀 수 있었다.

'지니의 목소리를 나만 들은 게 맞겠지.'

시험지를 전부 걷은 선생님은 칠판에 '이게 맞을까? 저게 맞을까?'라고 적었다.

"남은 시간에는 한글 맞춤법에 대해서 가볍게 짚고 넘어갈 거야."

선생님은 이어 칠판에 '얼만큼 vs 얼마큼'이라고 적었다. 둘 중에 뭐가 맞는지를 묻는 것 같았다. 아이들은 얼만큼과 얼마큼으로 나뉘어서 웅성거렸다.

"다른 반에 방해되니까 누가 대표로 일어나서 맞춰 볼까? 연속으로 세 문제를 맞히면 생기부 국어 세특에 한글 맞춤법에 훌륭한 역량을 갖췄다고 적어 줄게. 어때?"

우리는 서로의 눈치를 살폈다. 보상이 좋기는 한데 막상 나서기는 부담스러워서 쭈뼛쭈뼛했다.

"너희가 아직 일 학년이라 잘 모르나 본데, 대학 수시 전형 쓸 때 세특은 굉장히 중요해. 지금부터 잘 챙기고 준비해야 할 텐데? 그래도 지원자 없어?"

계속해서 나서는 사람이 없자, 선생님이 교실 내부를 훑어보았다. 그때 귀에 익은 목소리가 들렸다.

"제가 해 보겠습니다."

지니의 목소리라는 걸 깨닫고 눈이 동그래진 순간 선생님과 눈이 마주쳤다.

"그래. 정우주 일어나."

'내가 말한 게 아닌데.'

나는 지니를 원망하며 일어섰다. 여기서 내가 아니라고 발뺌하면 지니의 존재가 드러날 수 있으니, 선택의 여지가 없었다. 내 목소리가 아니라는 걸 눈치챈 몇몇이 동정 어린 시선을 보냈다.

드디어 나타난 지원자의 존재에 기분이 좋아졌는지 선생님은 미소를 지었다.

"그럼 시작해 볼까? 얼만큼, 얼마큼 어떤 게 맞을까?"

나는 소신 있게 대답했다.

"얼마큼이요."

"맞았어. '얼마큼'은 '얼마만큼'의 줄임말이야. '만큼'이 '큼'으로 줄어든 거거든. 다음 문제를 적어 볼게."

선생님은 칠판에 '깨끗이 vs 깨끗히'라고 적었다. 솔직히 이건 쉬웠다. 반 친구들도 쉽다고 생각했는지 이럴 줄 알았으면 손들 걸 그랬다며 아쉬워했다.

"깨끗이요."

"잘했어. 끝음절이 분명히 '이'로만 나는 것은 '-이'로 적고, '히'로만 나거나 '이'나 '히'로 나는 것은 '-히'로 적어. 예를 들어 '솔직히'는 '이'나 '히'로 나기 때문에 솔직히가 올바른 말이야."

나는 가슴을 쓸어내리며 대망의 세 번째 문제를 기다렸다.

선생님은 칠판에 '가든지 말든지 vs 가던지 말던지'라고 적고 돌아섰다.

이건 조금 헷갈렸다. 가든지로 발음해도, 가던지로 발음해도 모두 자연스럽고 익숙한 느낌이었다. 가던지 말던지가 조금 더 익숙한 느낌이라 말하려던 때였다.

"가든지 말든지."

지니의 목소리가 들려왔다. 이번에는 나에게만 들린 모양이었다. 지니 녀석, 조절할 수 있게 된 건가.

나는 지니가 권한대로 '가든지 말든지'를 선택했다.

"정답이야! 마지막 문제까지 모두 통과한 걸 축하해. 정우주 학생은 교무실로 돌아가서 세특에 기록해 줄게."

자리에 앉은 나는 으쓱한 기분이 들었다.

"자, 그럼 왜 가든지 말든지일까? 둘 이상의 선택을 나열할 때 쓰는 조사는 '-든지'가 맞지. '-던지'는 지난 일을 나타내는 어미로 사용돼. '얼마나 춤던지', '어찌나 좋던지'처럼 말이야."

선생님의 맞춤법에 대한 설명은 조금 더 이어졌다. 그리고 점심시간이 되었다.

"오늘의 메뉴는 눈꽃치즈스파게티, 수제 앙버터, 케이준감자튀김, 레모네이드다. 완벽한데?"

지혁의 말을 들으니 조금 아쉬운 기분이 들었지만, 가방을 챙겨 들며 말했다.

"난 오늘 급식 안 먹어. 즐점해!"

급식을 거르기로 한 내가 향한 곳은 매점이었다. 다양한 음료수와 간식거리가 진열된 냉장 코너에서 콜라와 샐러드빵을 고른 다음 계산했다.

매점 안에도 테이블과 의자가 마련되어 있었지만, 자리를 잡는 대신 뒷문으로 나갔다. 매점 뒷문에서 연결된 오솔길 중간중간에는 나무로 만들어진 테이블과 의자가 놓여 있다.

그중 한 곳에 자리를 잡고 앉아 가방의 지퍼를 내린 다음 램프를 향해 말했다.

"일 교시 때는 고마웠어. 좀 놀라긴 했지만."

"참다 참다 말한 거라는 것만 알아줘. 속 터져서 죽을 뻔."

"알아. 하마터면 큰일 날 뻔했어. 근데 네 목소리를 나만 듣거나 다른 사람까지 함께 들을 수 있도록 조절할 수 있는 거야?"

"그렇더라고. 사실 너 화장실 갔을 때 실험해 보긴 했었거든. 네가 놀라서 소리 지를까 봐 참았던 것뿐이야."

"하긴 아까도 진짜 놀랐어."

"앞으로는 좀 편하게 말 걸 수 있겠다."

"다른 사람들 앞에서는 어차피 대답 못 하는데."

"대답하라고는 안 해. 적어도 내 속은 덜 답답할 것 아니야."

어쨌든 해피엔드니까 된 거겠지. 콜라 캔을 따서 쭉 마신 다음 빵을 우걱우걱 먹었다. 매점에서 파는 샐러드빵은 다양성이 없다. 그래도 맛이 없지는 않았다.

빵과 콜라를 먹어 치운 나는 노트를 펼쳤다.

"바람 쐬고 있어. 난 수학 숙제해야 하거든."

나는 펜과 수학 노트를 꺼냈다. 교실에서 해도 되는데 굳이 밖으로 나온 건 지니를 위한 배려였다. 시험 때의 일을 확인하고 싶기도 했지만, 오전 내내 한마디도 하지 못했으니 답답할 것 같았다.

나의 이 넘치는 배려심을 지니가 알아주어야 할 텐데.

숙제는 수학 문제 다섯 개를 풀어 가는 것이었다. 첫 번째 문제는 쉽게 풀었다. 이런 형태의 문제에 어떤 공식을 넣어야 하는지 정도는 알고 있었다.

그런데 두 번째가 문제였다. 문제만 읽었는데도 막막했다. 처음 보는 형태의 문제라 어디서부터 어떻게 시작해야 할지 감이 잡히질 않았다.

잠시 손 놓고 멍을 때리고 있자, 지니의 목소리가 들려왔다.

"넌 그동안 '문제의 형태'를 외워서 풀었던 거구나?"

"응?"

"이런 문제에는 이 공식을 넣어야 해, 하는 패턴을 외워 두는 건 좋지 않아. 문제가 조금만 변형되어도 지금처럼 헤매게 되잖아."

"맞아. 그래서 지난 시험들을 망친 것 같긴 해."

"너 처음 보는 유형의 문제를 보면 겁부터 나지?"

"그건 또 어떻게 알았어?"

이 정도면 독심술을 하는 게 아닐지 의심되었다.

"수학을 외워서 풀려고 하니까 낯설면 모른다고 생각해 버리는 거야. 그런데 수학은 암기 과목이 아니잖아. 선생님은 풀이를 외워서 정답 맞히는 걸 원하지 않으실 테고. 그럼 시험 때 어떤 문제를 낼까?"

"문제를 변형하시겠네."

"그래. 그러니까 풀이를 외우는 건 소용 없어. 어떤 문제든 그 자리에서 풀 수 있도록 해야지."

맥락 정도는 이해할 수 있을 것 같았다.

"무슨 말인지 알 것 같아. 하지만 그게 말처럼 쉽냐."

"문제가 낯설어도 겁먹을 필요 없어. 틀려도 좋으니까 다양한 방법으로 풀어 보는 연습을 해 봐."

"좋아. 해 볼게."

나는 지니가 말한 대로 문제를 풀기 시작했다. 해 보고 안되면 다른 방법으로, 또 다른 방법으로 시간제한 없이 풀어 나갔다.

점심시간을 모조리 투자하면 다섯 문제는 풀겠지. 집중하고 있는데 테이블 위에 초코우유가 툭 놓였다.

"열심이네."

'어라? 이 목소리는?'

익숙한 목소리에 고개를 들어 보니 하늬가 서 있었다. 눈이 마주쳐서 반사적으로 미미하게 웃어 보였다. 나는 점심시간에 어울릴 법한 인사를 건넸다.

"밥 먹었어?"

"급식 먹었지. 오늘 스파게티 맛있던데. 아, 이거 틀렸어."

하늬는 손가락으로 세 번째 문제를 짚었다. 아무래도 다시 풀어야겠다. 문제에 체크한 다음 다시 하늬를 돌아보았다.

수학 문제 풀이법 영역

수학을 외워서 풀면 안 되는 이유

제4교시

수학 시험에는 문제집에 자주 등장하는 주요 문제들만 출제되지 않습니다. 시험을 통해 '문제를 암기해서 풀 수 있는 지'를 알고 싶은 게 아니니까요. 선생님은 '문제의 조건에 따라 알맞은 개념을 사용해서 정답을 찾아갈 수 있는지'를 파악하려고 합니다.

그래서 변형 문제도 함께 출제합니다. 수학은 문제의 조건, 구조를 바꾸고 결합해서 얼마든지 변형할 수 있습니다. 마치 처음 본 문제처럼 느끼게 만드는 거죠. 그래서 비슷한 유형의 풀이를 외우고 있더라도 변형된 문제에 그 풀이를 그대로 적용할 수는 없습니다. 그러니 어떤 형태의 문제를 만나든 그에 맞춰서 풀 수 있도록 연습해야만 합니다.

"넌 어디가?"

"너 급식 먹으러 안 온 것 같아서."

찾으러 나왔다는 건가. 이건 좀 감동인데. 게다가 자신은 먹지도 않는 초코우유를 들고 오다니. 아, 안 먹는 거라서 준 거구나? 아무튼 고마웠다.

"내 걱정했어?"

내가 방긋 웃으며 묻자, 하늬는 바로 돌아섰다.

"공부하는 거면 됐어."

쌩하니 사라지는 걸 보니 부끄러웠던 모양이다. 다시 노트로 시선을 돌리는데 지니의 목소리가 들렸다.

"쉽지 않겠는데."

"이 문제가 그렇게 어려워?"

"아니, 방금 저 친구."

"하늬가 왜?"

"첫사랑 난도가 너무 높잖아."

"쟤 내 첫사랑이 아닌데?"

지니가 눈을 동그랗게 떴다.

"그럼 누구야?"

"모르지?"

"몰라?"

"아직 첫사랑을 만난 적이 없거든. 한국에서 살고 있기는 한 걸까?"

"아침에도 둘이 함께 학교에 왔잖아. 옆집 사는 것 같고? 그런데도 안 좋아한다고?"

내가 하늬를 좋아한 적이 없다고 말하면 다들 비슷한 반응을 보인다.

'예쁘면 꼭 좋아해야 하는 건가?'

어깨를 으쓱인 나는 다시 노트로 시선을 돌렸다. 다행히 지니는 질문을 이어가지 않았다. 대신 멀어지는 하늬의 뒷모습을 지켜볼 뿐이었다.

✎✎✎

지난 일주일은 공부, 공부, 공부뿐이었다. 하루가 공부로 시작해서, 공부로 끝났다. 내가 이렇게 열심히 할 줄 몰랐는지 엄마나 하늬도 놀란 눈치다.

특히 엄마는 하루 만에 포기할 줄 알았다며 용돈을 더 주기까지 했다.

하지만 이건 나 혼자의 노력으로 이루어진 게 아니다. 지니가 옆에서 계속 잔소리하지 않았다면, 그만두었을지도 모른다. 어찌 되었든 나는 오늘로 7일째 계획표를 지키고 있었고, 그 결과 시험 범위까지의 수학 개념을 모두 익히는 데 성공했다.

물론, 이건 수능 예비 소집일과 수능이 있었기에 가능한 성과였다. 예비 소집일은 오전 수업만 했고, 수능 당일에는 학교에 가지 않아서 온종일 수학만 들여다볼 수 있었다. 심지어 어제는 조금만 더하면 끝날 것 같아서 새벽 2시까지 공부했다.

'하, 내 인생에서 새벽 두 시까지 공부하는 날이 올 줄이야.'

잠이 부족해서인지 집중력이 흐트러지기는 하지만 괜찮다. 졸면 지니가 귀신같이 눈치채고 깨워 준다.

딱 하루만 학교에 데려가겠다던 결심을 깨고, 지니와 매일 등하교를 함께하고 있었다. 지니가 약속을 잘 지켜 주고 있기도 하고, 의외로 도움도 많이 된다.

게다가 집에서 온종일 혼자 있는 건 좀 외로울 것 같으니까.

늘어지게 하품을 한 나는 다시 흐트러지려는 정신을 다잡았다. 문제는 영어 선생님이 낮고 느릿한 목소리로 말한다는 것이다. 점점 더 머릿속이 흐려진다.

'아니야. 정신 차려. 정우주! 너 국영수 평균 팔십 점 받기로 했잖아.'

나는 눈을 부릅떴다.

"다음은 팔 과 본문을 읽어볼 거예요. 자, 선생님 눈을 피하고 있는 연주가 일어나서 큰 소리로 읽어 보자."

"A piece of work in one field can inspire artists in another field to create something new. Music can inspire⋯⋯."

온풍기에서 불어오는 따뜻한 바람은 수업 시간에 졸지 않겠다는 나의 다짐을 보기 좋게 무너뜨렸다. 게다가 연주 너, 몰랐는데 목소리가 좋구나.

눈꺼풀이 점점 무거워졌다. 정신없이 졸고 있는데 갑자기 내 이름을 부르는 선생님의 목소리가 들려왔다. 깜짝 놀라 눈을 떠보니 내가 이어서 본문을 읽어야 하는 상황인 것 같았다.

일단 자리에서 일어나긴 했는데 연주가 어디까지 읽었는지 알 수가 없었다. 식은땀이 등골을 타고 흘러내릴 때였다.

"세 번째 단락부터 읽으면 돼. In addition부터."

지니의 목소리가 나를 살렸다.

나는 아무 일 없었다는 듯 태연하게 지문을 읽어 내려가기 시작했다.

"In addition, certain shapes in his paintings were associated with……."

무사히 읽기를 마친 나는 안도의 한숨을 내쉬었다. 집에 가면 지니가 또 잔소리할 테지만 기꺼이 들어줄 수 있을 것 같았다.

겨우 내 차례를 넘긴 나는 수업에 집중하기 위해 눈에 힘을 줬다.

✎✎✎

"너 정말 안 가려고?"

지혁이 믿을 수 없다는 듯이 재차 내 의사를 확인했다.

"응. 안 가."

PC방에 가자는 말에 대한 내 대답은 단호했다. 사실 게임 출석 체크를 하지 않은 지도 오래되었다. 게임에 접속만 해도 다이아와 금화를 주는데, 그걸 일주일 넘게 놓친 셈이다.

"불 법사 캐릭터 오늘 나왔다니까. 안 뽑을 거야? 딜량 미쳤다던데."

"응. 안 뽑아."

불 법사 캐릭터가 출시되기를 손꼽아 기다렸기에 혹하는 마음이 들기는 했지만, 내 굳건한 결심을 깨지는 못했다.

혁준이 신기하다는 듯이 말했다.

"나는 우주 네가 이렇게 열심히 공부할 줄 몰랐어."

"나도 몰랐어."

나는 힘없이 맞장구쳤다. 이렇게 공부만 하는 나라니, 꿈에도 상상하지 못했던 일이다.

"해도 안 되면 두 배로 실망할 텐데."

하지만 이어지는 혁준의 말에는 공감이 되지 않았다.

"국영수 평균 팔십 점을 못 넘어도 실망은 안 할 것 같아. 약간 성취감을 느끼는 중이거든. 캐릭터 만렙 찍고 종결 템 맞췄을 때랑 비슷한 기분이야."

"누구세요?"

지혁이 질색하며 물었다.

"정우주입니다. 아무튼 피시방은 시험 끝날 때까지 둘이 가. 나 유혹하지 말고."

당황해서 입을 뻐끔거리는 투혁을 뒤로하고 교실을 나갔다. 오늘 하늬는 학원에 가는 날이라 먼저 집으로 향한 참이었다.

오랜만에 혼자 돌아가려니까 허전한 기분이 들었다. 숨을 길게 내쉬는데 가방에서 목소리가 들려왔다.

"날씨가 더 추워졌어."

그래도 지니가 있으니 완전히 혼자는 아니었다.

"어제가 수능이라 그래. 전국 수험생들의 원한이 기온을 떨어트린대."

"그럴싸한 헛소리다."

"그건 모르는 거야. 램프의 지니도 있는데, 귀신이나 한 같은 것도 있을 수 있지."

"그런가."

지니는 자신이 판타지 그 자체면서 묘하게 현실적이다.

가방에서 들려오는 목소리에 대꾸하는 동안 집 앞에 도착했다. 대문을 열려고 손을 뻗는데, 문이 슬그머니 열렸다. 와, 아침에 정신없이 나가기는 했는데 문도 잠그지 않았나 보다.

"큰일 날 뻔했다."

제1교시

공부의 동기 부여

우리에게는 열심히 공부하면 좋은 성과를 낼 수 있다는 믿음이 필요합니다. 이런 확신을 갖기 위해서는 자신이 세운 목표를 이루어 나가는 경험이 쌓여야 합니다.

작은 것이더라도 목표를 세우고, 성취하는 일을 반복하다 보면 '나는 해낼 수 있는 사람이야.'라는 자신감이 자라납니다.

자신에 대한 확신과 믿음 속에서 성적이 반복해서 오르는 경험을 하게 되면 누군가 시키지 않아도 스스로 최선을 다해 공부하게 됩니다. '자신에 대한 확신'은 공부를 열심히 할 수 있게 하는 최고의 원동력이니까요.

엄마가 먼저 들어왔으면 크게 혼났을 것이다.

잠깐 혼나는 것도 아니고, 이건 잔소리 한 달 치였다. 대문을 밀고 안으로 들어서려는데 갑자기 모습을 드러낸 지니가 말했다.

"방금 대문이 열려 있었던 거 아니야?"

"응. 내가 아침에 깜빡했나 봐."

"아니야. 내가 잠그는 것 확인했었어. 넌 분명 문을 잠그고 나갔어."

괜히 소름이 오소소 돋았다. 엄마가 이 시간에 돌아왔을 리는 없었다. 침을 꼴깍 삼키는데 지니가 말했다.

"아주머니한테 전화 걸어. 혹시 모르니까 통화하면서 들어가자."

나는 고개를 끄덕였다. 무서운 세상이라 조심해서 나쁠 건 없었다. 전화벨이 두 번 울리자 엄마가 바로 전화를 받았다.

"응. 아들."

"엄마 대문이 열려 있어. 혹시 집에 있어?"

"네가 열어 놓고 갔겠지."

"아침에 확인한 기억이 있어. 나 엄마랑 통화하면서 들어가려고. 좀 무서워서."

"그러던지. 나야 우리 아들이랑 길게 통화하면 좋지."

내가 통화하는 걸 지켜보던 지니가 앞장섰다. 묘하게 든든한 기분이었다. 문제는 현관문도 열려 있다는 것이다. 잠금장치가 완전히 고장 난 듯했다.

"엄마, 현관문도 열려 있어."

"뭐?"

엄마가 깜짝 놀라는 소리를 들으며, 현관문을 활짝 열어젖혔다. 그리고 펼쳐진 집 안 풍경을 보고는 얼어붙어 버렸다.

테이블은 엎어져 있고, 모든 서랍이 밖으로 튀어나와 있었다. 그 안에서 쏟아진 물건들이 거실을 무질서하게 굴러다니고 있었는데, 유리가 깨졌는지 파편까지 사방에 널려 있었다.

나는 꼼짝도 하지 못한 채 거실에 흐르는 불안한 공기를 느꼈다. 내가 가만히 있자 핸드폰 너머에서 엄마가 물었다.

"왜 아무 말도 없어?"

"엄마······."

"응?"

"도둑 들었어."

나는 지니에게 눈짓했다. 지니가 모습을 감추자마자 핸드폰을 영상 통화로 돌렸다. 핸드폰으로 초토화된 거실을 본 엄마가 소리쳤다.

"우주야! 밖으로 나가."

"응? 지금 아무도 없는 것 같은데. 이미 필요한 거 훔쳐서 튀었겠지."

"당장 밖으로 나가!"

엄마가 더 큰 목소리로 외쳤다. 귀가 먹먹한 기분이라 더는 대꾸하지 않고 말했다.

"알았어."

나는 그대로 뒷걸음질 쳐서 밖으로 나갔다. 현관문을 다시 곱게 닫은 다음 정원에서 핸드폰을 확인했다. 아직 영상 통화 중이라 화면 너머로 엄마의 얼굴이 보였다.

"엄마, 나왔어."

"우주야. 엄마가 지금 갈 테니까 하늬네 집에 가 있어."

"알았어."

나는 대답하고 전화를 끊었다. 그런 내 앞에 지니가 모습을 다시 드러냈다.

"안에 누가 있는 것 같지는 않았어. 그래도 위험하니까 아주머니 말대로 옆집에 가 있자."

"그래야겠지? 아, 그런데 현장 보존 이런 거 해야 하지 않아? 중범죄가 아니라 지문 감식 이런 건 안 하려나?"

다친 사람도 없으니 그렇게 대대적인 수사를 하지는 않을 것 같긴 했다. 내가 터덜터덜 걸음을 옮기는데 지니가 물었다.

"넌 애가 왜 이렇게 태평해?"

"아, 처음이 아니라 그래."

"처음이 아니라고?"

"삼 년 전에도 집에 도둑이 들었었거든. 한 번도 아니고 두 번이나."

"그거 좀 이상한 거 아니야?"

"우리 집이 좀 있어 보여서 그런 게 아닐까?"

지니는 할 말이 많은 얼굴이었지만, 내가 대문 밖을 나서자 모습을 감췄다. 옆집 벨을 누르자 문이 열리는 대신 아주머니가 달려 나왔다.

"우주야!"

"안녕하세요."

"그래. 너 괜찮니?"

그새 엄마가 연락했는지, 나보다는 아주머니가 더 많이 놀란 것 같은 모습이었다.

"괜찮아요. 집이 많이 어지럽혀져 있어서 그냥 좀 놀란 정도예요."

"경찰이 곧 올 거야. 우리 집에 가 있자."

나는 아주머니를 따라 들어갔다. 신발을 벗는데 하늬가 다가와서 물었다.

"괜찮아?"

"응. 그럼."

어릴 때부터 드나들어 하늬의 집은 익숙했다. 지니의 램프가 든 가방을 꼭 끌어안은 채 소파에 앉자, 아주머니가 핫초코를 타 주셨다.

따끈하고 달콤한 핫초코가 목으로 넘어가자 으슬으슬 떨리던 몸이 진정되었다. 인지하지 못했었는데 심장도 조금 빠르게 뛰고 있는 듯했다.

아주머니가 걱정스러운 듯한 눈빛을 하고 나를 다독였다.

"어휴. 이 동네는 무슨 도둑이 이렇게 많아."

"우리 집 낮에 비어 있다고 소문났나 봐요."

"그래도 사람 안 다쳤으면 됐어."

그건 그렇다. 도둑이 들 때마다 엄마는 그렇게 말했다. 아무도 다치지 않아서 다행이라고. 물건은 새로 사면 된다고.

하늬가 내 옆에 앉으며 말했다.

"그래도 잘했어. 아줌마랑 통화하면서 들어간 것 말이야."

"문이 열려 있으니까 조금 무섭더라고."

핫초코를 홀짝이고 있다 보니 경찰이 도착했다. 아주머니가 신발을 신는 걸 보고, 따라서 소파에서 일어났다. 같이 나가려는 데 하늬가 붙잡았다.

"넌 나랑 있어."

"그래. 우주 넌 여기 있어. 아줌마가 가 볼 테니까."

아주머니까지 나서자 고개를 끄덕일 수밖에 없었다. 아주머니가 대문을 나가는 걸 지켜보는데 하늬의 시선이 느껴졌다.

"괜찮아?"

"응. 진짜 괜찮은 것 같아. 저걸 언제 다 치우나 걱정되긴 했지만."

헤헤거리며 웃고 나니 정원을 가로질러 달려 들어오는 엄마가 보였다. 급하게 왔는지 흐트러진 모습으로 들어선 엄마가 날 꼭 끌어안았다.

"놀랐지."

어색하게 왜 끌어안는지 모르겠다. 뻣뻣하게 굳은 어깨를 뒤로 빼며 말했다.

"엄마가 더 놀란 것 같은데?"

"엄마는 경찰 아저씨들이랑 얘기를 좀 해 봐야 할 것 같아. 집 정리도 해야 하고, 넌 하늬랑 여기 있어."

가볍게 끄덕이자 엄마는 다시 집을 나섰다. 대문 너머로 경찰들과 아주머니가 보였다. 나와 눈이 마주친 아주머니가 안으로 들어오더니 손님 방의 문을 열어 주었다.

"우주 넌 신경 쓰지 말고 여기 있어. 놀랐을 텐데 좀 누워도 되고. 필요한 거 있으면 하늬에게 말하고."

"네. 감사합니다."

우리 집 거실의 상태를 봤을 때 정리까지 하려면 한두 시간으로는 안 될 것 같았다. 방에 들어선 나는 가볍게 한숨을 쉬고 가방을 열었다. 그리고 오늘 풀어야 할 수학 문제집을 꺼냈다.

따라 들어온 하늬가 눈을 크게 떴다.

"너, 공부하려고?"

믿을 수 없는 일이 일어났다는 투다.

"도둑이든 뭐든, 오늘 내가 해야 할 분량이 있다는 사실은 달라지지 않으니까."

와, 내가 말했지만 낯설었다. 눈을 몇 번 깜빡거린 하늬가 입을 열었다.

"너 진심이구나?"

"아빠 만날 거라니까."

"그래. 그랬지."

하늬는 의자를 끌어다가 옆에 앉았다.

하지만 패기 있게 문제를 풀기 시작한 것과 달리 진도는 나가지 않았다. 더럽게 문제가 풀리지 않는 날이었다. 지니의 말대로 개념부터 이해하고 나니 예전보다는 수월하게 접근할 수 있기는 했다. 그렇다고 해서 모든 문제가 술술 풀리는 건 아니다.

개념서에 있는 문제는 그래도 풀어 볼 만했는데 유형 문제집으로 넘어오자 갑자기 어려워졌다. 마치 '자, 이제 걷는 법을 배웠으니, 100m를 10초 안에 돌파해 봐!' 같은 느낌이다.

'정말 목표 점수를 받을 수 있는 걸까.'

나도 모르게 문제집을 노려보고 있었는지 하늬가 물었다.

"문제가 잘 안 풀려?"

하늬는 내가 풀던 수학 문제집을 잡아당겨 확인했다. 풀다가 멈춘 문제를 훑어보더니 물었다.

"교과서랑 개념서는 다 읽어 본 거야?"

"응."

하늬가 놀란 얼굴을 하자, 약간 으쓱해졌다. 내가 원래 한다면 하는 사람이다.

"문제의 조건을 어떻게 활용할지부터 생각해 봐. 차근차근 그동안 배운 개념을 떠올리면서."

하늬가 말한 대로 문제에서 왜 이런 조건을 줬는지 또 어떤 개념이 필요한지를 떠올렸다. 막막하고 답답한 기분이 들었지만, 그래도 포기하지 않고 고민했다.

"이렇게 시작하면 될까?"

"맞아. 조건에 맞게 손으로 그림을 그리면서 생각해 보는 것도 괜찮아."

문제에 주어진 조건들을 그림으로 나열해 보니 확연하게 감이 왔다.

"알 것 같아. 이렇게 푸는 거구나."

나는 풀이 식을 부지런히 적어 내려가며 답을 구했다. 지켜보기만 할 뿐 별다른 말을 하지 않는 걸 보면, 이 풀이가 맞다는 뜻이겠지?

괜히 뿌듯해졌다. 다음 문제들도 이어서 착착 풀다 보니 하늬의 시선이 다시 느껴졌다. 돌아보니 하늬가 문제 중 하나를 짚었다.

"식은 맞는데, 계산이 잘못됐어."

다시 살펴보자 잘 풀어 놓고 마지막에 단순한 계산 실수를 했다. 풀이를 지우고 다시 계산하다 보니 새삼 한숨이 나왔다.

"어렵다."

"그래도 안 풀리던 문제를 끝까지 고민해서 풀어내면 기분 좋지 않아?"

역시 서하늬의 생각은 신선하다.

"넌 수학 문제를 풀면 기분이 좋아져?"

"성취감 같은 게 있지 않아? 그리고 수학은 개념 공부만 해 놓으면 되잖아. 이해하고 나면 바로 문제를 풀 수 있고, 외울 것도 많지 않아서 난 오히려 쉽던데."

"공부는 너 같은 애가 해야 하는 건가 봐."

"그런 게 어딨어. 공부는 다 할 수 있어."

아닌 것 같다. 모든 일에는 적성이 있는 법이다. 게다가 노력도 적성이라고 했다.

"공부는 나랑 안 맞는 것 같아."

"그래서 포기하려고?"

도발하는 게 아니라 진짜로 궁금해하는 눈치였다.

수학 문제 풀이법 영역

새로운 유형의
수학 문제 푸는 법

제4교시

먼저 문제가 묻는 것은 무엇이고, 어떤 조건들이 주어졌는지 확인합니다. 이 조건을 이용할 수 있는 개념과 풀이 방법이 떠오르나요? 떠오른 개념을 이용해서 직접 손으로 식을 만들어 문제를 풀어 봅니다. 처음 시도한 개념으로 풀지 못했다면, 다음으로 넘어가서 어떤 부분에서 막히는지 살피고 풀이를 수정합니다. 그렇게 풀이 과정을 발전시켜 나가다 보면 처음에는 보이지 않던 길을 발견해 정답에 도달하게 됩니다.

"아니. 아빠는 만나야지. 아, 그런데 공부 진짜 힘들다."

"그러면 잘하고 있는 걸 거야."

"그런 건가?"

하늬는 웃으면서 방을 나섰다. 다음 문제로 넘어가려는데 머리 위에서 지니의 목소리가 들렸다.

"바람직해."

"뭐가?"

"이런 상황에서도 공부를 하겠다는 자세 말이야."

135

"너 가끔 엄청나게 꼰대 같은 거 알아?"

"바른말이 원래 쓰게 들리는 법이야."

그때였다. 문이 열리더니 무언가 떨어져 깨지는 소리가 들렸다. 돌아보니 하늬가 놀란 얼굴로 서 있었다.

"어? 안 다쳤어?"

파편에 다친 건 아닌지 걱정되어 바닥을 살피다 보니 하늬의 시선이 내 어깨 너머에 닿아 있는 게 보였다. 나는 그제야 지니의 존재를 떠올렸다.

흠칫 놀라 돌아보니 지니는 한 손으로 어정쩡하게 얼굴을 가리고 있었다.

'아, 망했다.'

✎✎✎

"그러니까 이 램프에서 나왔다는 거지?"

하늬는 램프를 노려보며 다시 물었다. 앞에서 나타났다 사라지기를 반복해서 보여 주던 지니가 생긋 웃으며 말했다.

"우주보다는 빨리 믿네."

"네 존재를 달리 설명할 방법이 없으니까 일단 믿는 척하는 거야."

"전교 일 등이라더니 똑 부러진다."

하늬의 미간이 좁혀지자, 내가 다급하게 끼어들었다.

"지니 말투가 원래 좀 꼰대 같아. 아무래도 나이가 많은 게 아닐까 싶어. 약간 증조할아버지 느낌?"

"아무튼 지니가 네 공부를 봐주고 있었다는 거지?"

"응. 맞아."

"쓸모가 없지는 않네. 너 요즘 제대로 공부하고 있잖아."

역시 내 노력이 틀리지 않았나 보다. 어깨가 으쓱해지려는 찰나에 지니가 끼어들었다.

"당연하지. 이 내가 붙어있는데."

"하지만 지니 넌 조금 더 조심하는 게 좋겠어. 네 존재가 알려져서 좋을 게 없잖아."

"안 들켜."

단정적으로 말했지만, 하늬는 쉽게 넘어가지 않았다.

"나한테 들켰잖아."

나는 지니가 말로 밀리는 걸 처음 봐서 흥미롭게 지켜보았다. 정곡을 찔린 지니가 변명처럼 말했다.

"이게 사실 우주랑 우주네 아주머니는 오랫동안 지켜봐서 그런지 기척을 잘 감지할 수 있거든? 그런데 너는 낯설어서 그런지 감지하지 못했어. 하긴 이건 확실히 내 실수가 맞아."

"알면 됐어."

차갑게 말한 하늬는 팔짱을 꼈다.

지니를 가늠하는 모습이었는데, 경계하는 것 같기도 했다. 노크 소리가 들리자, 지니의 모습이 순식간에 사라졌다.

문을 열고 들어온 사람은 엄마였다. 책상 앞에 문제집이 펼쳐져 있는 걸 본 엄마의 눈매가 한결 부드러워졌다.

"이제 집에 가자. 하늬가 공부도 봐주고 있었나 보구나. 항상 고마워."

"아니에요."

아무래도 돌아갈 때가 된 것 같았다. 잽싸게 가방을 챙긴 다음 하늬에게 손을 흔들었다.

그러고 보니.

"너 오늘 학원 가는 날 아니었어?"

"하루 정도는 안 가도 돼."

하늬의 입에서 나온 말이라고는 믿어지지 않았다. 나는 오른손으로 가슴을 움켜쥐는 시늉을 했다.

"나 감동함."

"감동씩이나. 우린 친구잖아."

하늬의 입에서 친구라는 말이 나오다니, 진짜로 감동해 버렸다. 나는 가방을 들고 엄마를 따라 나갔다.

아주머니에게 인사를 꾸벅하고 정원으로 나가자 동완이 보였다.

"오셨어요."

"우주가 많이 놀랐겠다."

"괜찮아요."

오늘 몇 번째 괜찮다고 말한 거지? 나는 어색하게 웃으며 안으로 들어섰다. 조금 전에 너저분했던 모습은 찾아볼 수 없었다. 깨지고 부서졌던 것들이 사라져서인지 오히려 휑한 느낌마저 들었다.

거실에 멀쩡하게 남은 가구가 소파와 테이블뿐이라니.

"없어진 게 많아요?"

"아냐. 집에 돈 같은 걸 두지는 않았으니까. 그냥 어지럽히기만 했어."

하긴 내 돌 반지 같은 금붙이는 진즉에 털렸다. 누가 들어왔는지는 모르겠지만 헛수고한 셈이다.

엄마가 말했다.

"옷 갈아입고 와. 저녁 먹으러 나가자. 정원 뷔페 어때?"

정원 뷔페라는 말에 눈이 번쩍 뜨였지만, 엄마 옆에 서서 은은한 미소를 띠고 있는 동완을 보니까 따라나서고 싶은 마음이 싹 사라졌다.

"나 공부해야 해. 올 때 햄버거나 사다 주고 뷔페는 둘이 다 녀와."

"무슨 공부를 밥도 안 먹고 해."

엄마가 믿을 수 없다는 듯이 항변했다.

"시험 얼마 안 남았잖아. 햄버거 먹는다니까. 감자튀김은 라지로 두 개 먹을래."

"혼자 있어도 안 무섭겠어?"

"내가 앤가. 혼자 있다고 무섭게."

"알았어. 그럼 햄버거 사다 줄게. 치킨버거지?"

"응. 다녀오세요."

나는 씩씩하게 웃어 보이고는 방 안으로 들어갔다.

내 방도 뒤졌는지 물건이 있던 장소가 전부 뒤바뀌어 있었다. 무엇보다도 한쪽 구석에 있던 아빠의 선물이 보이질 않았다. 엄마가 모아서 치웠나 보다.

쓸만한 건 따로 빼 두었던 터라 상관은 없다. 나는 다시 책상 앞에 앉아 문제집을 펼쳐 들었다. 거실에서 약간의 말소리가 들리다가 조용해지는 것 같더니 지니가 모습을 드러냈다.

"두 분은 나가셨어."

지니가 알려 주지 않아도 짐작하고는 있었다.

"응. 조용해진 것 같아."

내 침대에 걸터앉은 지니가 빤히 올려다보았다.

"왜?"

"두 분은 네 걱정을 하시는 것 같은데?"

"내 걱정을 왜 하셔?"

"공부하겠다고 해서."

"그게 걱정할 일이야?"

"안 하던 짓을 해서 그런 게 아닐까."

하긴 뷔페에서 산처럼 쌓아 놓고 먹을 기회를 버렸으니 그럴 수도 있겠다. 하지만 내가 며칠 공부하면서 느낀 건 정해진 분량이 있을 때 하루라도 쉬면 망한다는 거다.

"뷔페 다녀오면 배불러서 잘 것 같거든. 내일 두 배로 하는 건 무리니까 할당량을 채울래."

그게 이유의 전부는 아니었지만, 전부인 것처럼 말했다.

"성취동기가 이래서 중요한 거지. 그래도 넌 잘하는 거야."

"그런가?"

"공부에 편법 같은 건 없어. 딱 공부한 만큼 나오는 거지."

그건 지니가 몰라서 하는 말이다.

"열심히 해도 성적이 안 나오는 친구들도 많거든."

"그건 공부 방법에 문제가 있는 거고. 너 같은 경우는 내가 봐주고 있으니까 절대적인 공부 시간만 늘리면 돼."

하늬도 내가 제대로 공부하고 있는 것 같다고 했다. 그럼 정말 잘해 나가고 있는 게 아닐까?

"사실 나는 이미 늦은 건 아닐까 하고 고민하고 있었거든."

시험이 한 달 남은 시점에서 성적을 그렇게 드라마틱하게 올릴 수 있을 것 같지 않기도 했다.

"늦은 때는 없어. 그건 핑계일 뿐이야. 늦어서 안 된 거라고 여기면서 회피하는 거지. 이제라도 도망치고 싶어?"

"아니. 그러고 싶지는 않아. 어쨌든 끝까지 해 보고 싶어. 사실 게임을 제외하면 이렇게 무언가를 열심히 해 본 건 정말 오랜만인 것 같거든."

"도망칠 게 아니라면 이렇게 생각하는 게 나아. 늦었으니까 두 배로 열심히 하겠다고."

이 역시 꼰대 같은 말이었으나 고개를 주억거렸다.

"그래. 해 보자."

✐✐✐

토요일 오전 8시, 나는 책상 앞에 앉는 데 성공했다. 물론 바로 일어난 건 아니다. 지니의 '그만 일어나'를 20분쯤 들었다. 마지막에는 지니가 이불을 빼앗아 가기까지 했다.

그래도 이게 어디인가.

기척을 느껴서인지 방으로 들어왔던 엄마가 공부하는 날 보더니 놀란 얼굴을 했다. 어쩐지 어깨가 으쓱해진다.

오전에는 내내 책상 앞에 붙어 앉아 있었다. 공부를 한참이나 했는데도 12시라니, 일찍 일어나니까 확실히 하루가 길어진 느낌이었다.

점심을 먹은 다음에는 외출 준비를 했다. 약속대로 지니의 기억을 찾는 데 시간을 할애할 계획이었다. 그렇다고 거창한 모험이 기다리고 있는 건 아니다.

지난번처럼 동네 근처를 조금 돌아보는 정도였다. 니트에 면바지 차림으로 돌아다니기에는 추운 날씨라 지니에게 내 점퍼를 건넸다.

"입을 수 있을까?"

"될 것 같은데."

지니는 내 점퍼를 받더니 척 입었다. 옷도 입을 수 있다니 신기했다. 엄마는 볼 일이 있다면서 나갔기 때문에 편하게 지니와 함께 집을 나섰다.

대문을 열고 나가자, 하늬가 기다리고 있었다. 오늘은 하늬도 동행하기로 했다. 지니를 돕고 싶어서는 아닌 것 같고, 아직도 경계하는 모습이었다.

우리는 평범하게 동네 곳곳을 돌아다녔다. 서점에 들렀다가, 떡볶이를 먹고, 코인 노래방에서 노래 한 곡씩을 불렀다. 평범하게 노는 것처럼 보이는 코스였는데도 지니에 대해 몇 가지를 알 수 있었다.

지니는 하늬와 참고서를 주제로 토론할 수 있을 정도로 지식이 많았고, 떡볶이에는 크게 관심을 보이지 않았으며, 상당한 음치였다. 특히 부를 수 있는 최신곡은 하나도 없었는데, 우리 집에서 음악 방송을 보지 않기 때문인 듯했다. 그래서인지 지니는 최근에 종영한 드라마의 OST를 불렀다.

다음 목적지인 스터디 카페를 가기 위해 지하철역 앞을 지나치려던 순간이었다. 갑자기 멈춰 선 지니의 눈에서 눈물이 방울지며 떨어져 내렸다.

하늬는 놀란 눈치였지만, 나는 솔직히 각오했다. 처음에도 지니는 이 앞에서 하염없이 눈물을 흘렸었다.

"또 슬퍼?"

지니는 대답 없이 울기만 했다. 하늬가 슬쩍슬쩍 움직이더니 내 옆으로 붙어 섰다. 사람들이 바라봐서 부끄러운 기색이었다.

나는 지하철역을 응시했다. 아무리 보고 있어도 슬픔은 느껴지지 않는다. 역시 지니만 아는 어떤 사연이 있나 보다.

내 옆에서 함께 지하철역을 올려다보던 하늬가 말했다.

"지니가 조금 진정하면 다음 역까지 걸어서 가 보자."

"걸어서 갈 만한 거리이기는 하지만 그건 왜?"

"저번에 네가 사촌이라고 말했던 사람도 지니지? 얼핏 보기는 했는데 인상이 비슷해."

"응. 맞아."

"그때도 여기서 울고 있었잖아. 이 지하철역에만 반응하는 건지, 아니면 다른 지하철역에도 반응하는지가 궁금해서."

그런 생각은 못 했는데, 괜찮은 아이디어 같았다. 이게 전교 1등의 추리력인가.

"그러자. 지니가 눈물 그치면 슬슬 걸어가 보자."

우는 애를 데리고 갈 수는 없으니 조금 기다려야 할 테지만 말이다. 그런데 곁에서 듣고 있던 지니가 우리를 돌아보며 말했다.

"진정했어. 이제 괜찮으니까 가자."

말이 끝나기가 무섭게 눈물이 한 방울 더 떨어져 내렸다.

"울면서 말하지 말아 주라."

"괜찮다니까."

지니가 재차 말하자, 하늬가 자포자기한 듯한 목소리로 말했다.

"그냥 출발하자. 멀어지면 눈물이 그칠지도 모르잖아."

그런가? 하늬의 말도 일리가 있었다. 차라리 움직이는 게 나을 수도 있겠다. 나는 조금이라도 빨리 지하철에서 멀어지고 싶어서 걸음을 빨리했다. 어느 정도 멀어진 다음에 지니를 보자 언제 울었냐는 듯이 멀끔한 얼굴이었다.

 지하철 다음 역은 걸어서 15분 거리였다. 특별한 대화 없이 도착한 지하철역을 본 순간 지니는 한숨을 내쉬었다.

 "아무런 느낌도 없어."

 곰곰이 생각하던 하늬가 물었다.

 "그러면 집 근처에 있는 지하철역이 문제라는 거네. 생각 나는 건 달리 없어?"

 "후회? 나는 후회할 일을 했어. 잘못된 선택이었던 것 같아."

 "큰 잘못을 한 거야? 누구에게?"

 "모르겠어. 가슴이 아파. 너무."

 눈물을 참을 수 없을 만큼 가슴이 아픈 일은 무엇일까. 나로서는 잘 상상이 가질 않았다. 아무래도 감성이 메마른 것 같다.

 "난 머리가 아프다. 넌 무슨 눈물이 그렇게 많냐."

 괜히 핀잔을 주었지만 지니는 당당했다.

 "슬픈데 울어야지. 참아?"

 "뭐, 그런 건 아니지만. 그런데 지하철역에 사연이 있는 거면 네가 찾는 사람이 멀지 않은 곳에 있을 수도 있겠다. 그렇지?"

"그런가?"

"시험 끝나면 여기저기 많이 데리고 다녀 줄게."

골목길도 구석구석 가 보고, 아파트 단지도 좀 돌면 기억이 돌아올지도 모른다. 오늘만 해도 단서를 찾지 않았던가.

가만히 지켜보던 하늬가 물었다.

"램프에 대해서는 좀 알아봤어?"

"인터넷 검색을 좀 해 봤는데 별다른 게 나오질 않아. 애초에 알라딘이 너무 유명하니까 요술 램프라고 하면 검색되는 관련 자료가 많은 것도 문제고."

동화부터 애니, 영화, 예능까지 온갖 콘텐츠가 다 쏟아져 나와서 정보를 찾는 건 포기할 수밖에 없었다.

"하긴, 귀신이 나오는 램프에 대한 정보를 인터넷에서 찾는 건 무리겠다."

"귀신 아니라니까."

지니가 덧붙였지만, 나는 물론이고 하늬도 신경 쓰지 않았다.

"이제 스카로 가자."

우리는 자연히 스터디 카페를 향해 걸음을 옮겼다. 나란히 걷던 지니가 결심한 듯 말했다.

"이렇게 나오는 건 오늘까지로 하자. 시험부터 보고 그다음에 천천히 찾아보는 게 좋겠어."

"그래도 괜찮겠어?"

"그럼. 내 기억을 찾는 일은 급하지 않잖아. 넌 급하고."

다시금 시험이 얼마 남지 않았다는 사실을 상기시켜 준 지니는 씩씩하게 걸음을 옮겼다. 앞장서는 뒷모습이 조금 쓸쓸해 보였다.

그 모습을 지켜보던 하늬가 말했다.

"스카는 왼쪽이야."

지니는 몸을 왼쪽으로 틀었다. 나란히 걷다 보니 문득 그런 생각이 들었다.

'어째 친구가 한 명 더 생긴 것 같네.'

오늘도 무사히 수업이 끝났다. 종례를 기다리는 동안 수학 문제집을 풀고 있는 내게 지혁이가 말을 걸어왔다.

"솔직히 말해 봐. 빙의냐? 아니면 회귀?"

"또 무슨 헛소리야?"

"아무리 봐도 요즘의 넌 정우주가 아닌 것 같아. 공부를 왜 이렇게 열심히 해? 그것도 계속 수학만 파고 있잖아."

"말했잖아. 국영수 팔십 점을 받겠다고."

"너 설마 주말에도 내내 공부했냐?"

"난 한다면 하는 사람이야. 이 세상에 국어와 영어, 수학만 남았으면 좋겠어."

"미쳤어?"

지혁이 질색하며 외쳤지만, 나는 대꾸하는 대신 한탄을 이어 갔다.

"그런데 시간이 부족해. 잠을 좀 줄여야 할까 봐."

"그렇게 공부만 하면서 시간이 없다고?"

지혁은 괴생물체를 마주한 것 같은 얼굴을 했다.

하지만 그게 사실이었다. 아침에 눈 떴을 때부터 잘 때까지 공부만 하는 것 같은데도 시간이 부족했다. 평소에 조금씩 해 두었으면 이렇게 힘들지는 않았을 텐데.

하긴, 평소에 이렇게 공부했으면 엄마가 국영수 평균 80점 맞아 오라는 조건을 달지도 않았을 테다.

"나 계속 이렇게 공부했으면 전교 이 등은 했었을 것 같아."

"왜 일 등이 아니라 이 등이야?"

"하늬는 못 이길 것 같아."

지혁도 부정할 수 없는지 "그건 그렇지."라고 하며 고개를 주억거렸다.

"그런데 오늘 보니까 둘이 더 친해진 것처럼 보이더라."

"원래 친했어."

"오늘은 둘이 점심도 같이 먹었잖아."

그거야 지니를 데리고 나가려다 보니 그랬던 거다. 하지만 진실을 말해 줄 수는 없는 노릇이라 웃어넘겼다.

"원래도 밥 같이 먹을 정도로 친했어."

"둘이 사귀냐는 말도 돌던데."

"그게 말이 된다고 생각하냐?"

"맞아. 하늬랑 너는 일단 종족이 다르잖아. 애들이 물어보길래 나도 그렇게 대답했어."

"잘했어."

내가 다시 문제집으로 눈을 돌리자 지루해졌는지 지혁이 뒤에 앉은 혁준이에게 말을 걸었다.

"너 정상 쌤 인강 듣지? 이번 문제 풀이 수업 들어 봤냐? 문제 진짜 어렵더라."

'정상'은 요즘 가장 인기 있다는 수학 인터넷 강사였다. 생각해 보니 학기 초에 나와 투혁은 사은품 태블릿 PC에 혹해서 일년 프리 패스 수강권을 끊었다. 나는 개념 수업 1강을 듣다가 접었는데, 지혁이는 제법 들은 모양이었다.

"난 아직 앞에 개념 일 강밖에 안 들어 봤는데."

역시 혁준이도 나와 다르지 않았다. 안심하고 있는데 지혁이 말했다.

"정상 쌤 하버드 수학과 박사 출신인 거 알지? 문제 푸는 거 보면 진짜 천재 같다니까."

"그래? 문제 풀이 수업만 좀 들어 볼까."

혁준이 혹하는지 태블릿 PC를 꺼냈다.

둘이 이야기하는 소리를 듣다 보니 '나도 들어 볼까?' 하는 생각이 고개를 들었다. 개념 정리를 하긴 했지만, 바로 문제를 풀려다 보니 푸는 족족 턱턱 막혔던 터라 나쁘지 않을 것 같았다.

태블릿 PC를 집어 들자마자 지니의 깐깐한 목소리가 귓가를 때렸다.

"지금 너한테 필요한 건 인강이 아니야. 문제가 잘 안 풀려서 그러는 것 같은데 그래도 어떻게 풀지 고민하고, 조건에 맞게 식을 만들어 풀어 보는 연습을 하는 게 나아."

대답하고 싶었지만, 지혁과 혁준이가 있는 터라 입도 벙긋하지 못하고 계속해서 들을 수밖에 없었다.

'그럼 인강은 도움이 안 된다는 건가.'

내가 시무룩해져서 태블릿 PC를 툭툭 터치하자, 지니가 말을 이었다.

"인강은 처음에 개념 잡을 때 활용해야 해. 넌 이미 개념 공부를 한 번 했으니까 이제 문제 풀이를 해 봐야지. 문제 풀이는

수학 문제는 무조건 스스로 풀어 봐야 합니다. 문제의 조건을 파악하고 필요한 개념을 떠올려 깊이 생각하고, 한 글자 한 글자 풀이를 직접 만들어 봐야 문제 해결력이 생깁니다.

그래서 수학 문제 풀이 수업은 예습이 필수입니다. 예습하지 못했다면 수업 시작 전 쉬는 시간에라도 먼저 풀어 보고 수업을 듣는 게 좋습니다. 인터넷 강의도 마찬가지로 먼저 충분히 풀어 보고 설명이 필요한 부분을 찾아서 들어 보세요. 대면 수업보다 현장감은 떨어지지만, 필요한 문제만 골라서 들을 수 있기에 시간을 더 효과적으로 쓸 수 있다는 장점이 있습니다.

직접 풀어 보는 게 가장 중요하고. 다른 사람의 풀이를 구경하는 건 지금의 너에게는 큰 도움이 안 돼."

나는 마음속으로 항복을 선언하며 인터넷 강의를 들을 수 있는 애플리케이션을 닫았다. 그리고 습관처럼 SNS에 접속했을 때였다.

"어?"

아빠의 메시지가 도착해 있었다.

우주야. 잘 지내고 있었니?

편지 고맙다. 아빠는 떨려서 잠이 오질 않았어.

우주 너만 괜찮다면 한국에 잠깐 들어가려고 하는데 만날 수 있을까?

네 엄마한테는 비밀로 해야겠지만.

불편하다면 편하게 말해 줘도 돼. 아빠는 답장을 받은 것만으로도 충분히 기쁘니까.

　

어쩌면 아빠는 날 보고 싶어 했던 걸까?

편지를 한 통 보냈을 뿐인데 한국으로 오겠다고 하니 마음이 심란해졌다.

'아니야. 정우주. 약해지지 말자.'

양육비를 받아 독립하겠다는 원대한 꿈은 유효했다. 유효한데 자꾸만 아빠가 보낸 메시지를 반복해서 읽게 된다.

메시지 하나에 흔들리는 내가 싫었다.

"뭐해? 집에 가자."

고개를 들자, 하늬가 옆에 서 있었다. 나는 지금까지 펼쳐 놓고 있었던 해설지의 페이지를 짚으며 물었다.

"이 풀이 과정이 어떻게 나왔는지 모르겠어. 배운 적 없는 것 같은데."

"일 학기 때 배운 건데."

"아, 일 학기 때 배운 거구나. 수학은 예전에 배운 게 계속 나오니까 한번 놓치면 다음으로 나가기가 좀 힘든 것 같아."

수학 공부법 영역

제3교시 **수학 복습의 필요성**

수학은 전에 배운 개념을 토대로 그 위에 다음 개념이 더해지고 또다시 더해지며 발전하는 방식으로 진행됩니다.

중1 과정의 일차 방정식을 제대로 알지 못하면 중2 과정의 연립 방정식을 풀 수 없고 그러면 그 후로 고3까지 다뤄지는 방정식과 함수의 관계까지 문제가 생깁니다. 그래서 예전에 배운 수학을 잘 모르거나 기억이 나지 않는다면 반드시 복습해야 합니다. 잠깐 훑어보고 지나가는 것이 아니라, 시간을 투자해서 꼼꼼히 해야 합니다.

얼마나 꼼꼼히 해야 하냐고요? 복습의 기준은 바로 교과서입니다. 최소한 교과서의 문제만큼은 정확한 개념을 사용해서 풀 수 있을 정도로 복습을 마쳐야 합니다.

한마디로 앞날이 깜깜하다는 거다. 나는 한숨을 쉬며 '1학기 복습 필요!'라고 메모한 다음 덮었다. 가방에 문제집을 집어넣고 일어서자 하늬가 말했다.

"그래도 공부 많이 했나 보네. 시험 범위도 정확하게 알고."

나는 가방을 챙겨 일어나며 조그마한 목소리로 말했다.

"나 아빠한테 에스엔에스 메시지 왔어."

"정말? 편지가 잘 도착했나 보다."

"응. 엄마한테 말하지 말고 만나자고 하시는데 고민돼."

"한국에 계셔?"

"아니, 들어오신대. 어쩌지?"

하늬는 왜 그런 고민을 하는지 이해할 수 없다는 듯한 얼굴을 했다.

"만나려고 편지 보낸 거 아니야?"

"그렇지. 그렇긴 한데 이렇게 답이 빨리 올 줄은 몰랐어. 엄마 몰래 만나는 것보다는 당당하게 만나고 싶기도 하고."

"아주머니가 서운해하실 수도 있겠다."

내가 걱정한 것도 그런 부분이었다. 아빠가 이토록 바랐는데도 나에게 연락하지 못했던 건 엄마 때문일 것이다. 애초에 엄마가 연락하지 못하도록 차단했다는 건 알고 있었다. 반대했던 것도 이해는 된다.

"확실히 서운해하실 것 같아. 괜히 배신하는 것 같다니까."

우리의 이야기 사이로 지니의 목소리가 끼어들어 왔다.

"왜 고민을 해. 내가 국영수 팔십 점 받게 해 준다니까."

하늬는 흠칫 놀랐지만 이내 지니라는 걸 깨달았는지 묘한 얼굴을 했다.

"오늘도 지니를 데리고 학교에 온 거야?"

"집에 혼자 있으면 심심하잖아."

"그래도 이상하잖아. 램프를 들고 학교에 오는 건."

그러고 보니 확실히 이상하긴 했다. 지니의 목소리가 다시 끼어들었다.

"날 집에 두고 왔어 봐. 도둑이 들었을 때 깨졌을지도 모른다고."

"하긴 그건 그렇다. 그런데 깨지면 넌 어떻게 돼?"

하늬가 묻자, 이번에도 지니는 가볍게 대답했다.

"모르지. 그런데 위험하다는 막연한 느낌은 들어."

역시 지니는 공부 말고 아는 게 없다. 하늬도 같은 의견인지 퉁명스레 말했다.

"지니 너 진짜 대책 없구나. 그보다 도둑은 어떻게 됐어?"

"파손된 건 좀 있는데, 막상 훔쳐 간 건 없다나 봐. 집에 뭐 가져갈 게 없기는 했대."

요즘 세상에 집에 현금을 두고 다니는 사람은 없다. 금붙이는 저번에 도둑이 들었을 때 전부 가져가서 없었고, 애초에 명품 같은 건 있지도 않았다. 그러니 도둑도 헛수고한 셈이다.

"그래도 다행이다."

하늬의 말에 공감한 나는 고개를 끄덕였다.

교문을 나서려는데 한 학년 선배가 하늬에게 초콜릿을 주고는 사라졌다. 말 한마디 못 걸고 도망치듯 달려가는 모습이 귀엽다고 해야 할지 안쓰럽다고 해야 할지 모르겠다.

지니가 궁금했는지 물었다.

"쟤는 뭘 하는 거야?"

"하늬를 좋아하는 것 같아. 그래서 제 마음을 돌려서 표현하려고 준 것 같은데."

"말도 없이 초콜릿만 준다고 마음이 전달돼?"

"적어도 존재는 인지할 수 있잖아."

"너만 인지한 것 같아. 하늬는 신경도 안 쓰는 눈치야."

사실 나도 그렇게 생각한다.

방금 저 선배가 주고 간 초콜릿은 어쩌면 회피다. 지금까지 하늬는 한결같이 모두를 거절해 왔다. 다른 사람한테 밀리는 것도 아니고, 공부에 밀리고 싶은 사람은 없을 터였다.

거절의 말을 듣고 싶지는 않으니 그냥 이런 것들만 들이미는 것 같았다.

"하긴 나도 너랑 소꿉친구니까 이렇게 편하게 말하지. 아니면 말을 못 걸었을 것 같긴 해."

"왜? 내가 차가워 보여서?"

하늬가 눈을 동그랗게 뜨며 물었다. 얼핏 서운해하는 기색도 느껴진다.

"아니, 예뻐서."

방금 이건 부끄러워하는 표정이다.

하늬는 은근히 귀여운 구석이 있다. 잘 모르는 사람은 차갑다느니, 인간미가 없다느니 떠들지만. 하늬는 그냥 어렸을 때부터 사람과 노는 것보다는 공부가 더 재미있었던 사람인 것뿐이다.

공영 주차장 앞을 지나가는데 하늬가 작은 목소리로 물었다.

"저 사람, 그 삼촌 아니야?"

"응?"

두리번거리자 시야에 커다란 꽃바구니를 든 동완이 포착되었다. 꽃바구니를 살펴보니 엄마가 좋아하는 파란 수국과 하얀 장미가 섞여 있었다.

"엄마 만나러 가시나 보다. 좋을 때다."

하늬가 옅은 미소를 보였다.

"그 반응은 뭐야?"

"그냥."

적당히 떨어져서 따라가려고 했는데 동완이 뒤를 돌아보더니 나에게 손을 흔들었다. 우리를 발견한 듯했다.

나는 어쩔 수 없이 인사했다.

"안녕하세요."

나를 따라 하늬도 "안녕하세요."라며 꾸벅 인사했다. 동완이 함박웃음을 지으며 물었다.

"여자 친구?"

"옆집 사는 친구예요."

"아, 맞아. 전에 봤었죠. 반가워요."

우리의 시선이 꽃바구니로 향하자, 동완이 어색하게 웃었다.

"아직 결혼 허락을 못 받아서 노력하는 중이야."

엄마가 생각 중이라고 말하기는 했다. 그런데 아직까지 결론이 나지 않았다는 건 조금 놀라웠다.

"아직도요?"

"내가 부족해서 그렇지 뭐. 거절은 아니고, 한 달 만 생각해 보고 싶대. 나는 이해해. 당연히 고민될 거야. 내가 너한테 별말을 다 한다."

"아니에요. 먼저 가세요."

내가 두 손을 앞으로 쭉 뻗으며 가라는 제스처를 취했다.

"뭐? 아, 내가 방해된 건가?"

"그게 아니라 저랑 같이 들어가면 분위기가 안 살잖아요. 자리 피해 드린다고요."

"우주 너 그래서 지난주에도 밥 먹으러 같이 안 나간 거야? 자리 피해 주려고?"

"그런 것도 있고, 정말 공부도 했어요."

동완은 내 말에 감동한 것 같았다.

"우주가 삼촌을 이렇게 밀어주는데, 힘내야겠다. 고마워. 그럼 먼저 간다."

밀어준 적은 없는데.

동완은 바구니를 흔들며 씩씩하게 앞으로 나아갔다. 점점 작아지는 뒷모습을 보는데 이상하게도 기분이 조금 가라앉았다.

하늬가 조그마한 목소리로 중얼거리듯이 말했다.

"나 같으면 엄마 재혼을 방해했을 것 같아."

"그러기엔 삼촌이 너무 좋은 사람이야."

"그래 보이기는 하지만."

"아빠랑은 달리……."

부모님은 세 살 때 이혼했지만 유치원에 들어갈 무렵까지는 일 년에 한 번씩 아빠를 만났단다. 그 주기조차 아빠의 스케줄에 따라 움직였다지만 말이다.

아빠에 대한 유일한 기억은 유치원을 다닐 때의 것이다. 아빠랑 놀이동산에 가기로 했었다는데, 어린 나는 그날을 손꼽아 기다렸나 보다. 하지만 아빠는 약속을 지키지 못했다. 스케줄이 변동되었나? 그런데도 나는 놀이동산에 가기로 했던 날 고집 스럽게 외출복으로 갈아입은 채 아빠를 기다리다가 잠들었다고 했다.

여기까지는 엄마에게 들은 거고, 내가 기억하는 건 그 일로 화가 난 엄마가 아빠랑 전화로 싸우던 모습이다. 한참이나 소리 지르던 엄마는 결국 눈물을 보였다.

"역시 몰래 만나는 건 말아야겠어. 떡볶이 먹고 들어가자. 내가 산다."

"튀김도."

"그래. 그래. 어묵까지 다 먹어."

나는 하늬를 이끌고 분식집으로 향했다. 지금까지는 솔직히 방관에 가까웠지만, 정말로 동완을 밀어주어도 괜찮겠다는 생각이 들었다.

아빠에 대한 기억이 거의 없는 것과는 달리 동완은 많은 기억 속에 존재했다. 그리고 그 오랜 시간 동안 동완이 약속을 어긴 적은 단 한 번도 없었다. 그리고 나는 그런 노력이 생각보다 어렵다는 걸 아는 나이이다. 진심이어야 가능하다는 것도.

✎✎✎

> 이번 시험에서 국영수 평균 80점을 받으면 아빠를 만날 수 있도록 허락해 준다고 했었어요. 그래서 열심히 공부하는 중이에요. 엄마를 속이고 싶지는 않으니까, 보름만 기다려 주세요.⟩

책상 위에 올려놓았던 수학 문제집 답안지가 보이질 않았다. 방 구석구석, 가방을 샅샅이 뒤져 봐도 나타나지 않았다.

"어디에 있는 거야."

문제부터 풀고 나중에 답안지를 찾는 건 번거로웠다. 답안지를 펼쳐 놓고, 문제를 풀다가 모르는 게 나오면 바로바로 풀이를 보아야 효율이 높았다.

서랍도 열어 보고 책장도 열심히 뒤적여 봤지만, 답안지는 나오지 않았다. 침대에 걸터앉아 만화책을 읽던 지니가 물었다.

"뭘 그렇게 찾아?"

"답안지가 안 보여서."

"그거 내가 숨겼는데."

나는 표정을 와락 구겼다. 와, 너무하네. 찾는 걸 보고서도 이제야 말하는 모습이 얄미웠다.

"왜 숨겼어?"

"그래야 답안지 보면서 안 풀 것 같아서. 너 답안지 없이 문제 풀어 본 적 없지?"

"계속 보는 게 아니야, 모르는 문제가 나오면 잠깐 도움을 받는 거지."

"그렇게 생각하는 게 싫으면서 머리는 왜 달고 다니냐? 네 머리로 생각하고, 고민한 만큼 실력이 느는 거라니까."

"막히는 문제만 붙들고 있으면 시간 낭비잖아. 그렇게 해서 몇 문제나 풀겠어. 문제집 몇 권은 풀고 시험을 봐야지."

"네 수학 점수가 낮은 건 문제를 적게 풀어서가 아니야. 조금만 모르겠으면 펼쳐 드는 답안지 때문이지. 그렇게는 아무리 많이 문제를 풀어도 소용없어. 이번에도 오십 점 받고 싶어?"

나는 말문이 막혔다. 지니는 정말이지 반박할 수 없게 말을 한다.

"나 또 순살 됐어."

"고민하고, 생각해. 수학은 그런 과목이야. 암기 과목이 아니잖아."

"방금 너 좀 하니 같았어."

지니의 눈썹이 치켜 올라갔다.

"내가 그렇게 냉정하다고?"

나는 지니의 생각을 정정해 주었다.

"하늬는 냉정한 게 아니라 그냥 표현하지 않을 뿐이야. 아무튼 하루에 몇 문제를 풀지 못하더라도 많이 생각하고 고민하라는 거지?"

"맞아. 처음에는 진도가 잘 안 나가겠지만, 결국 속도는 붙을 거야."

"그 속도는 언제 붙어?"

"그거야 네가 얼마나 멍청하냐에 따라 다르겠지."

"내가 머리가 나쁜 건 아니거든."

"그건 맞아. 보면 넌 머리가 나쁜 건 아니야. 공부 습관이 들지 않아서 그래."

지니가 인정해 주자 기분이 조금 풀렸다. 그래서 타협안을 제시해 보기로 했다.

"답안지를 보지 않는다고 쳐. 끝까지 모르겠는 문제는 어떻게 해? 삼십 분 동안 못 풀면 그때 답안지를 볼까?"

모르는 걸 계속 붙잡고 있어 봐야 해결될 것 같지 않았다.

"안 돼. 그 시간만 지나면 편하게 답안지를 볼 수 있다는 생각에 또 길게 고민하지 않을 거야. 일단 시간이 얼마나 걸리든 절대로 답안지는 보지 않겠다는 결심으로 문제를 풀어. 그래야 답안지의 유혹에 쉽게 빠지지 않을 수 있어."

영원히 문제 하나에 갇혀서 허우적거릴 내가 연상되었다. 심란한 내 표정을 읽었는지 지니가 말을 덧붙였다.

"지켜보다가 안 되겠으면 그때 답안지를 줄게. 그런데 그건 네가 할 수 있는 모든 방법으로 문제를 풀어 봤는데도 안 되었을 때야."

"알겠습니다. 알겠어요."

수학 공부법 영역

제3교시 수학 답안지 보는 법

끈질기게 고민하고 할 수 있는 모든 방법을 동원해서 문제를 풀어 봤지만 소용없었나요? 더는 해 볼 게 없다면 그때 답안지를 펼치면 됩니다.

답안지를 볼 때는 단순 계산 과정까지 세세히 따라가기보단 전반적인 풀이의 방향, 흐름을 파악하는 데 집중할 필요가 있습니다. 그렇게 갈피를 잡았다면 굳이 풀이 과정을 끝까지 볼 필요는 없습니다. 답안지에서 얻은 힌트를 이용해서 문제를 다시 풀어 보세요.

답안지를 그대로 옮겨 적는 식의 풀이는 안 됩니다. 당시에는 이해한 것처럼 느낄 수 있지만, 며칠만 지나도 처음 문제를 보았을 때처럼 막막해질 테니까요.

항복을 선언한 나는 그냥 문제집을 펼쳤다. 와, 첫 번째 문제부터 모르겠다. 그래도 해 보자고 결심한 나는 한참이 지나고 나서야 지니를 찾아 움직였다.

지니를 찾는 건 어렵지 않았다. 그는 거실 소파에 옆으로 누운 채 드라마를 보고 있었다.

"재밌냐?"

"응. 지금 막 남주가 절절하게 고백했어. ……내가 찾아야겠다고 했던 사람 말이야. 내 여자 친구 아닐까?"

"여자 친구가 있었어?"

"모르지."

말을 말자. 지니의 앞에 문제집을 내밀며 말했다.

"수학 문제 좀 봐줘. 첫 문제부터 꽉 막혔어."

"넌 어떻게 풀려고 했는데?"

"열심히."

지니가 일어나 앉았다. 풀이를 가르쳐 주거나 힌트를 주려는 줄 알았는데 단호하게 말했다.

"더 열심히 풀어 봐."

"말장난하지 마. 나 진지해."

"내가 보기엔 열심히 푼 것 같지 않아서 그래."

'와, 억울하다.'

"드라마 보고 있었으면서 어떻게 알아."

"열심히 풀었으면 네가 푼 풀이 식을 보여 줬겠지. 여기까지 풀었는데 막힌다거나 이 풀이 중에 틀린 게 있는지를 확인해 달라거나, 아니면 완전히 다른 방향으로 풀어야 하는 건지라도 물어봤을 거야."

나도 그랬으면 좋겠다. 하지만 그러지 못한 데에는 다 이유가 있다.

"머리를 열심히 굴려 봤다니까."

"멍 때린 건 열심히 한 게 아니야. 다시 해 봐."

"아니 문제를 읽었을 때 어떻게 어떻게 해야겠다는 계획 정도는 떠올라야 시작할 수 있잖아. 그런데 이 문제는 진짜 뭘 어떻게 어디서부터 시작해야 할지 모르겠어."

지니는 자세를 바꿔서 앉았다. 그러고는 어울리지 않게 진지한 어조로 말했다.

"그럼, 기본적인 것부터 시도해 보면 어때?"

"기본?"

"문제의 조건대로 그래프를 한번 그려 보는 거야. 숫자도 대입해 보고."

"그게 무슨 도움이 돼?"

"복잡하게 느껴지던 문제의 조건이 정리될 거야. 그럼 어떻게 풀어야 할지 단서가 나올걸."

전에 하늬도 비슷한 말을 했었던 것 같다.

"해 볼게."

나는 다시 책상 앞으로 돌아왔다.

수학 문제 풀이법 영역

수학 문제 조건을 시각화하기

제4교시

문제의 조건이 길고 복잡해지면 단번에 풀이가 보이지 않습니다. 대체 어디서부터 어떻게 풀어야 할지 감이 잡히질 않고 머리가 새하얘집니다.

이럴 때는 가만히 눈으로만 보면서 풀지 말고 손을 움직이세요. 문제의 조건을 따라 그림이나 그래프를 그려 보고, 문제의 상황을 단계별로 직접 재연해 보고, 간단히 숫자를 대입해 계산해 보는 겁니다. 그렇게 문제의 조건을 한눈에 시각화해서 정리하면 풀이의 단서가 되어 줄 어떤 규칙과 원리를 찾을 수 있습니다.

그림을 그려 보고, 숫자를 대입하는 등 여러 시도를 해 보니까 길이 보이는 것 같았다. 한 시간이 넘게 걸리기는 했지만, 결국 문제를 풀어내는 데 성공했다.

놀랍게도 답을 맞히기까지 하자 어깨가 으쓱해졌다. 어찌 되었든 시작도 하지 못했던 문제를 풀었다는 게 중요한 것 아닌가.

"시간만 있으면 다 풀 수 있겠는데?"

드물게 지니가 호응해 주었다.

"맞아. 수학은 자신감이야. 어떤 문제든지 풀 수 있다고 생각하는 게 중요해. 어? 네 어머니 오셨다."

지니가 모습을 감추자마자 현관문이 열리고 엄마와 동완이 안으로 들어섰다. 그 순간 TV에서는 진한 키스 신이 나오고 있었다. 서로를 잡아먹을 것처럼 뒤엉켜 있는 TV 속의 두 사람이 클로즈업되자 등 뒤로 식은땀이 흘렀다.

"어, 엄마."

엄마가 눈을 가늘게 뜨며 노려보았다.

"공부하는 줄 알았더니."

"지금까지 공부했어. 그냥 틀어 놓은 거야."

리모컨으로 재빨리 TV를 끈 나는 어색하게 웃으며 주춤주춤 방 안으로 들어섰다. 황급히 들어오느라 문이 쾅 소리를 내며 닫혔다.

마지막에 동완 삼촌과 눈이 마주쳤던 것 같았다. 삼촌은 뭐가 그리 즐거운지 웃고 있었다.

'하, 창피해.'

침대 앞에 슬쩍 모습을 드러낸 지니가 말했다.

"미안."

종량제 봉투가 어디에 있더라.

◈◈◈

> 우주야. 아빠는 네 뜻을 존중해. 그럼 그전까지 이렇게 메시지를 주고받는 건 괜찮겠지?
>
> 그냥 네가 어떻게 지내는지 알고 싶어서 그래. 학교는 어디고, 뭘 좋아하고, 어떤 학원에 다니는지 같은 그런 소소한 것들 말이야.

기분이 이상했다. 나는 아빠의 질문에 대해 적당히 답을 보낸 다음 태블릿 PC를 뒤집어 두었다. 하늬와 지니, 나 이렇게 셋이서 시험공부를 하는 중이라 그 어느 때보다도 집중이 필요했다.

일정상 오늘부터는 영어 공부도 병행해야 했다. 그런데 막상 시작하려니 뭐부터 해야 할지 모르겠다. 지니를 돌아보자 그가 가볍게 말했다.

"일단 교과서랑 부교재의 지문을 전부 외우자."

지니의 제안에 촉촉해졌던 감성이 모두 증발하고 이성만 남았다.

"그게 가능할 거라고 봐?"

"일단 시험 범위를 열 번만 정독해 봐. 아메바가 아니면 외우겠지."

나는 구원을 바라는 얼굴로 하늬를 돌아보았다.

"안타깝게도 현재 네 상태에서 영어 시험을 잘 볼 방법은 그것뿐이야."

하늬 너까지.

"교과서랑 부교재에 있는 지문을 다 합치면 오십 개도 넘을 텐데?"

"예순한 개야."

하늬가 친절하게 정정해 주었다.

"교과서의 지문은 하나가 몇 페이지씩 되잖아."

"처음부터 글자 하나하나를 암기하라는 건 아니야. 여러 번 반복해 읽으면서 익숙해지라는 거지. 핵심 문장과 내용이 자연스럽게 기억날 정도로."

"그냥 읽는 걸로도 된다고?"

"나도 시험 때 일곱 번 이상은 정독해. 지금은 시험이 이 주

남았고, 다른 과목도 해야 하니까 그 정도는 무리고. 음, 네 번 정도는 정독할 수 있겠다."

하늬의 말에 지니가 고개를 주억거렸다.

"그래. 그 정도로 타협을 보자. 그럼 네 번 정독한다고 가정하고, 중점 사항을 말해 줄게."

"그냥 읽으면 되는 게 아니야?"

지니는 내 질문을 무시한 채 설명을 이었다.

"첫 번째로 읽을 때는 지문의 모든 문장을 정확하게 해석하는 데 집중해. 다른 건 보지도 말고, 오직 지문만 한 문장씩 해석하는 거야."

"모르는 단어가 많아서 해석도 잘 안될 것 같은데."

"모르는 단어는 따로 노트에 정리해 놓고 외워야 해."

의도는 알겠다. 일단 해석부터 정확히 되어야 지문이 잘 읽히고 외워질 것이다.

"알았어. 그렇게 해 볼게."

"넌 시간이 부족하니까 정리한 노트를 틈틈이 꺼내 보면서 외우는 게 좋을 거야."

하늬가 끼어들자, 지니가 "맞아."라며 맞장구쳤다.

"두 번째는 선생님의 필기와 자습서의 설명을 함께 보면서 지문을 읽는 거야. 이때 지문을 소리 내어 읽는 것도 좋아. 그럼

'틀린 문장 찾기'가 나왔을 때 금방 알아챌 수 있고, '빈칸 넣기' 문제도 유리할 거야. 들어갈 단어나 문장을 억지로 떠올리려고 하지 않아도 자연스럽게 생각날 테니까."

설명을 마친 지니는 교과서를 펼쳤다. 그리고 필기가 되어 있지 않은 걸 확인하고는 미간을 좁혔다.

"필기가 왜 이것밖에 없어?"

내 교과서의 상태를 확인한 하늬가 제 교과서를 꺼내서 내밀었다. 여백의 미가 넘치는 내 교과서와 달리 깔끔하게 메모되어 있었다.

"옮겨 적어. 별표는 선생님이 강조한 것들이야."

지니가 고개를 주억거렸다.

"보면 하늬는 공부를 잘할 수밖에 없어. 수업하면서 선생님이 어떤 내용을 강조했는지가 특히 중요하거든. 선생님이 어떤 관점에서 지문을 해설했는지, 어떤 문법을 설명하고, 어떤 문장을 예로 들었는지 이런 게 다 시험에 나오는 거야."

수학 노트를 빌릴 때도 하늬에게서 비슷한 말을 들었다. 어쩌면 이건 전 과목에 적용되는 말인지도 모르겠다. 하지만 지니가 한 가지 놓친 게 있었다.

"그런데 영어는 쌤이 두 분이잖아. 다른 쌤도 문제를 내실 텐데."

"그럼 다른 반의 필기도 구해서 정리해야지."

지니가 당연하다는 듯이 말했지만 나는 솔직히 그렇게까지 해야 하나 싶었다. 하늬의 필기만 옮겨 두면 충분하겠거니 생각하며 손을 놀리는데, 곁에서 듣고 있던 하늬가 여상히 말했다.

"빨간색은 우리 영어 쌤의 필기고, 파란색은 다른 반 쌤 필기야."

도움이 되는가 보구나.

하늬가 정리해 놓은 걸 확인한 나는 꼬리를 내리고 필기를 옮겨 적는 데 열중했다. 이왕 하는 거 빨간색과 파란색 표기도 그대로 따라서 옮기기로 했다.

"넌 이걸 어떻게 다 가지고 있어?"

"나 옆 반 철규랑 노트 교환해서 보거든."

철규는 전교 2등이다. 이 방법에 조금 더 신뢰가 더해졌다. '공부 잘하는 친구들은 이렇게 준비하는구나!' 감탄하며 필기를 옮겨 적는 동안 지니가 말했다.

"각 단원에서 중요하게 다루거나, 강조해서 설명한 문법과 구문도 노트에 따로 적으면서 암기해야 해."

"뉑이, 뉑이."

적당히 대답하고 넘어가려고 했는데, 지니가 하늬의 교과서를 손가락으로 짚었다.

Do you remember your mom *taking you to a doctor's office? :
여러분의 어머니께서 여러분을 병원에 데려가셨던 것을 기억하는가?

"이 문장에서 동명사 taking에 별표가 쳐져 있잖아. 여기서 목적격 your mom이 동명사 taking의 의미상의 주어로 쓰였는데, 동명사의 의미상의 주어는 「소유격+동명사」 또는 「목적격+동명사」의 형태로 쓰일 수 있다고 필기되어 있고. 이럴 때는 문법의 구조만 단순히 외우는 게 아니라, 문법이 포함된 지문의 문장과 예로 들었던 문장까지 통째로 외우는 게 좋아."

"그것까지 언제 다 외워?"

반항기를 섞어서 투덜거리자, 지니가 눈을 휘며 웃었다.

"그럼 영어 팔십 점은 포기할까?"

"알았어. 반항하지 않을게. 그럼 세 번째를 말해 봐."

"세 번째와 네 번째 읽을 때는 비슷해. 모든 지문을 처음부터 다시 읽으면서 중요하다고 표시해 놓은 부분을 한 번 더 외우는 거야. 그리고 시간이 남을 때마다 노트에 따로 정리했던 문법이나 단어, 숙어, 구문을 반복해서 읽는 거지. 머릿속에 각인되도록."

"조금 무식한 방법 같기는 한데 실천만 하면 학교 시험 성적은 잘 나오겠다."

하늬가 고개를 주억거리며 지니의 방식에 동의했다.

굉장히 노력을 많이 해야 할 것 같지만 다른 방법이 없다니 시도해 보는 게 나을 것 같았다. 일단 풀 수 있는 수학 문제가 늘어났다는 걸 느끼고 있는 터라 영어도 지니를 믿어 보기로 했다. 하늬도 괜찮은 방법이라고 했으니까.

"좋아. 해 보겠어!"

기세 좋게 대답하기는 했지만, 갈 길이 멀었다.

필기부터 옮겨 적으려 다시 집중하는데 한쪽으로 미뤄 놓았던 태블릿 PC가 진동했다. 슬쩍 확인해 보니 아빠였다.

지니가 바로 물어왔다.

"뭔데 표정이 그래?"

"응?"

하늬도 관심을 보이는 얼굴이라 나는 태블릿 PC를 돌려 둘에게 보여 주었다.

네가 어떻게 자랐는지 알고 싶어. 괜찮다면 사진 한 장만 보여 줄 수 있을까.

아빠는 아무래도 좀 오그라드는 성격인 것 같다.

제6교시

영어 지문 공부 순서

1. 지문을 한 문장씩 해석하면서 정확히 해석하고 있는지 자습서와 비교합니다. 몰라서 문장 해석이 안 됐던 단어와 숙어, 구문들은 노트에 따로 정리합니다.

2. 선생님의 필기, 자습서의 설명을 꼼꼼히 함께 봅니다. 지문을 소리 내어 읽으면서 '틀린 문장 찾기'나 '빈칸 넣기' 문제가 나왔을 때 금방 알아챌 수 있게 합니다.

3. 선생님이 강조해서 설명한 문법은 구조만 단순히 외우는 게 아니라, 문법이 포함된 지문의 문장과 예로 들었던 문장까지 통째로 노트에 정리해 놓고 외웁니다.
이제 시험 범위 내 핵심 내용과 다시 확인해야겠다고 여겼던 부분까지 한 권의 노트에 잘 정리되어 있습니다. 이 노트를 틈날 때마다 반복해 읽으면서 자연스럽게 외워지도록 합니다.

✎✎✎

나와 하늬는 나란히 미술관으로 들어섰다. 시에서 운영하는 작은 미술관은 현재 체험형 미술품 전시를 진행하고 있었다. 월요일, 미술관을 찾은 이유는 우리 학교 사생 대회가 이곳에서 이루어지기 때문이었다.

따뜻한 건물 안으로 들어서자, 몸이 바르르 떨렸다.

"아흐. 추워."

갑자기 추워진 날씨에 몸이 으슬으슬했다. 하늬도 추웠는지 코끝이 빨갛게 변해있었다.

"맞아. 갑자기 추워졌어."

"이제 겨울인가 봐."

가방 안에서 들려온 목소리에 절로 고개가 끄덕여졌다. 시험 준비 기간에 왜 사생 대회를 하는 건지 모르겠다.

알아서 공부하라는 것과 크게 다르지 않아 보이긴 하지만.

먼저 와 있던 친구들과 대강 인사를 나누고, 그림 그릴 장소를 찾아 움직였다. 우리 반에 배정된 곳은 제1전시실이었다.

마음대로 만질 수 있는 인터렉티브 전시라 친구들 몇몇은 조형물 위에 올라타 있었다. 먼저 와 있던 친구들과 인사를 나눈 다음 나와 하늬가 고른 건 커다란 사과 모양의 조형물이었다.

우리는 벽에 기대앉아 스케치북을 꺼냈다. 가운데에 놓아둔 가방에서 지니의 목소리가 들렸다.

"그리기 쉬워 보여서 골랐구나?"

"정답이야."

옆에 앉아 있던 하늬가 나직하게 웃었다. 4B 연필로 쓱쓱 크로키를 하고 있으려니 담임 선생님이 출석 체크를 시작했다.

나는 하늬에게 넌지시 의견을 물었다.

"이제 튀어도 되지 않을까?"

"그래도 열두 시 반까지는 있어야지."

하긴 12시쯤 한 번 더 선생님이 돌아보실 수도 있었다. 사생대회가 중요하지 않았던 나는 영어 노트를 꺼내 읽었다.

"이번에 만든 영어 노트구나?"

"응. 시험 범위에서 내가 몰랐던 단어들을 모은 거야. 몇 번 읽었는데 다 외웠는지는 모르겠다."

"내가 물어봐 줄까?"

"어, 그럼 내가 맞출게."

노트를 가져간 하늬가 말했다.

"contribute?"

역시 전교 1등의 발음은 좋구나.

"기여하다."

"맞아. 음, assessment?"

"평가."

"exert?"

"음 뭐더라? 분명히 외웠는데. 아! 발휘하다. 맞지?"

너무 큰 소리로 말했는지, 반 친구들의 시선이 나에게 모였다가 흩어졌다. 머쓱해진 나는 하늬의 손에 들린 노트를 받아 들었다.

"조용히 읽을게."

가볍게 웃은 하늬가 자신도 책을 꺼냈다.

"너는 국어 공부해?"

"응."

"나도 국어를 하긴 해야 하는데. 아직 시작도 못 했어."

"너 그래도 국어 점수는 괜찮았잖아."

"괜찮은 걸로는 안 되니까 문제지. 수학이나 영어가 삐끗할 때를 대비해서 국어는 구십 점 이상을 반드시 받아야 해. 국어도 영어처럼 그냥 지문을 다 외우는 게 나을까?"

하늬가 웃음 섞인 목소리로 대꾸했다.

"이제는 그게 쉽다는 것처럼 말한다?"

"영어 해 보니까 효과가 좀 있기는 하더라고. 문제집을 푸는 데 답을 얼추 다 알겠는 거야."

"얼추 알면 어떻게 해."

"이제 두 번 읽었어. 네 번 채우면 술술 풀 수 있을 것 같아. 심지어 선생님이 강조해 둔 부분을 반복해서 읽으니까 어떤 문제가 나올지도 알 것 같은 기분이 들어. 국어도 네 번 정도 읽으면서 외울까 봐."

하늬는 걱정이 됐는지 설명을 시작했다.

"국어 암기도 효율적으로 하는 방법이 있어. 작품의 주제, 배경, 시점, 특징 등을 사진 찍듯 암기하는 게 아니라 이해하는 게 먼저야. 그러고 나면 저절로 기억나게 되어 있어."

"확실히 국어는 그래."

지니가 맞장구치자, 하늬가 조금 더 자세히 설명했다.

"처음 읽을 때는 온전히 작품의 내용과 흐름에만 빠져서 소설책처럼 읽도록 해."

"소설책 읽듯이! 알았어. 다음에 읽을 때는?"

"그다음부터는 선생님의 필기, 자습서의 설명을 함께 읽으면서 어떤 의미인지 이해하려고 노력해 봐."

"이해를 기반으로 작품을 외우라는 거구나?"

"맞아. 특히 문학 작품을 읽을 때는 표현 방식에 대해 더욱 신경 써서 정리해야 해. 작가는 말하고 싶은 것을 대놓고 직접적으로 말하지 않고, 함축적인 단어와 문장들로 숨겨서 표현해 놓은 경우가 많거든. 글쓴이가 이런 표현을 통해 전달하고 싶어 하는 메시지가 무엇인지, 숨겨진 뜻과 의도를 파악하는 게 중요해."

"윤동주가 「서시」에서 일제 강점기를 밤에 비유한 것처럼?"

국어 공부법 영역

이해 기반 국어 암기

시험 범위에 『심청전』이 포함되었다고 가정해 볼게요. 그럼 고전 소설의 특징을 암기해야 합니다. 고전 소설의 특징은 비현실적인 사건이 발생하고 전형적인 인물이 등장한다는 겁니다.

무작정 달달 외우기 전에 작품 속에서 고전 소설의 특징이 어떻게 표현되는지를 먼저 이해해 보세요. 심청이 인당수에 빠진 뒤 용궁에 가고, 환생하는 내용은 '비현실적인 사건의 발생'이에요. 지극한 효심을 지닌 심청은 효녀의 '전형적인 인물'이죠.

이렇게 작품 속에서 그 의미를 이해해 두면 억지로 외우지 않아도 문제를 보자마자 저절로 기억날 겁니다.

"맞아. 국어는 원래도 나쁘지 않았으니까 할 수 있을 거야."

"알았어."

영어를 해 보니까 첫 번째 읽을 때 비해 두 번째부터는 속도가 확연히 단축되었다. 국어도 마찬가지겠지만 내게는 절대적인 시간이 부족했다.

"국어는 문제집을 안 풀어 보고 시험을 봐도 괜찮을까? 아무래도 문제집까지 풀 시간은 안 될 것 같아서"

"문제집을 풀어 보면 좋기는 할 텐데."

"그렇지? 그럼 시간을 좀 내볼까?"

"아무래도 그럴 시간까지는 없을 것 같아. 국어랑 영어는 문제를 푸는 것보다 시험 범위를 여러 번 읽는 게 더 도움이 될 거야. 지문을 정확하게 파악하고 있으면 굳이 문제집을 풀지 않아도 시험을 잘 볼 수 있어."

"수학이랑은 다르네?"

"수학은 개념을 알고 있어도, 문제에 적용하지 못하면 소용없으니까. 국어 문제집은 시간이 남으면 그때 풀자."

"안 남을 것 같아."

"내가 봐도 그래."

그렇게 확실하게 말을 해 주니 오히려 마음이 편했다. 그런데 여전히 고민되는 부분이 있었다.

"시험 범위 밖에서 나오는 외부 지문 문제는 어떻게 해?"

하늬가 무슨 문제냐는 듯이 물었다.

"그 자리에서 읽고 풀면 되잖아."

"저는 전교 일 등이 아닙니다만."

"낯설면 겁부터 먹어서 그래. 당황하지 말고 천천히 잘 읽어봐. 새로운 지문이 나와도 얼마든지 풀어낼 수 있어."

"시험 보다가 처음 보는 지문이 나오면 확실히 긴장하는 것 같아. 그러면 그 순간부터 지문이 머릿속에 들어오지 않고 튕겨 나가는 느낌이랄까.”

“겁먹지 말고 집중해.”

국어는 일단 그렇게 하면 될 것 같았다.

설명을 마친 하늬는 다시 책을 펼쳤다.『메밀꽃 필 무렵』이었다. 이걸로 이번 수행평가를 봤었기에 내용은 알고 있었다.

“나는 열린 결말이 싫어. 고구마 먹은 기분이야.”

하늬는 내 의견에 동의하지 않는 듯했다.

“열린 결말일까? 나는 아들을 알아봤다고 생각하는데.”

“알아봤어도 모르는 척했을 수 있잖아. 책임지기 싫어서.”

“그런 해석도 가능하구나? 나는 당연히 아버지라는 걸 밝혔을 거라고 생각했거든.”

“아닐 수도 있어.”

씁쓸히 웃으며 노트로 시선을 옮기는데 핸드폰이 울렸다.

네가 편지에 언급했던 램프는 잘 가지고 있는지 모르겠다. 누군가에게 주거나 한 건 아니겠지? 허름해 보여도 내가 발굴한 거라 간직하고 있어 줬으면 좋겠어.

> 잘 간직하고 있어요. 학교까지 들고 다니고 있어서 얼마 전에 도둑이 들었는데도 무사했다니까요. 아, 그렇다고 걱정하실 건 없어요. 집이 비어 있을 때라 다친 사람도 없고, 없어진 것도 별로 없거든요.

답장을 보내고 나니 기분이 이상했다. 지금 아빠가 보내는 이 관심은 어떤 감정에서 기인하는 걸까.

그리고 나와 아빠는 어떤 결말을 맞이하게 될까?

✏️✏️✏️

시험이 코앞으로 다가오니까 걱정되는 게 있다. 국어와 영어의 목표는 90점 그리고 수학의 목표는 80점이다.

그런데 수학 80점을 넘으려면 고난도 문제를 적어도 한두 개는 풀어야 했다.

솔직히 고난도 문제는 손도 못 대겠다. 어떻게 풀어야 할지 막막하고 머릿속이 새하얘지는 것 같달까.

"내가 고난도 문제를 풀 수 있을까?"

중얼거리자 지니가 모습을 드러냈다.

"고난도 문제라고 해서 엄청난 풀이가 필요한 건 아니야. 네가 알고 있는 방법으로도 충분히 풀 수 있어. 이제 제법 잘 풀잖아."

"노하우 없어? 특히 문제가 길고 복잡하면 더 어렵더라고."

"그런 유형은 한 문제가 여러 개의 작은 문제로 이루어진 경우가 많아. 그런데 이걸 한 번에 풀어내려고 해서 어려운 거야. 순서대로 한 문제, 한 문제 나누어서 차근차근 풀어 나가면 충분히 맞힐 수 있을 거야."

"무슨 말인지는 알 것 같은데 갑자기 잘 풀릴 것 같진 않아. 그래도 내가 풀 수 있는 부분부터 풀면서 실마리를 찾아볼게."

"너무 어려우면 넘어가는 것도 방법이야. 문제 하나에 너무 많을 시간을 할애하면 안 되니까. 그 정도는 알겠지만."

"그러다 다 넘기면 망하는데?"

"네 목표는 백 점이 아니잖아. 그러니까 시작부터 어려운 문제가 연달아 나오더라도 겁먹거나 긴장할 필요 없어. 시험을 망치지 말아야 하니까."

"하긴 그렇지. 몇 개는 틀려도 돼."

"맞아. 긴장하면 풀 수 있는 문제인데도 실수할 수 있어."

하늬도 비슷한 말을 했다. 실력보다 낮은 점수가 나오는 건 긴장하거나, 마음이 조급해서인 것 같았다.

"그럼 시험은 객관식부터 푸는 게 나아? 아니면 서술형부터? 아, 뒤에서부터 거꾸로 푸는 게 더 유리하다는 말도 있던데."

"전부 틀렸어."

"왜?"

"출제자가 전부 다르잖아. 어떤 선생님은 객관식을 어렵게 낼 거고, 어떤 선생님은 서술형을 어렵게 낼걸. 그리고 앞부분에 어려운 문제를 배치하는 선생님도 있을 거고."

그 말은.

"쉬운 문제부터 선택해서 풀라고?"

"아는 문제부터 풀고, 어려운 문제에 남은 시간을 써야지."

그 말을 듣자, 중간고사의 가슴 아픈 기억이 떠올랐다. 안 풀리는 문제를 풀어 보겠다며 시간을 쓰다가 정작 뒤에 있는 쉬운 문제는 풀어 보지도 못하고 찍었다. 수학 점수가 파격적으로 떨어진 이유 중 하나였다.

"알았어. 이번에는 같은 실수를 반복하지 말아야지."

"실수라는 말이 나와서 말인데, 너 가끔 보면 잘 풀다가 단순 덧셈 뺄셈을 틀리더라."

"맞아."

문제집을 풀 때도 단순 계산을 실수해서 틀린 경우가 제법 되었다.

수학 문제 풀이법 영역

제4교시 **고난도 수학 문제 접근법**

고난도 문제가 어려운 이유는 첫 번째, 문제의 조건을 아주 복잡하고 다양한 형태로 변형해 놓기 때문입니다. 하지만 여러 겹으로 과대 포장된 문제의 조건을 단순화해서 분석하다 보면 충분히 풀만 한 문제임을 알 수 있을 겁니다.

두 번째는 한 문제가 여러 개의 작은 문제로 복잡하게 연결되어 있기 때문입니다. 이런 구조의 문제를 한 번에 풀려고 하니 어려운 것뿐입니다. 순서대로 한 문제씩 나눠서 차근차근 풀어 나가세요. 고난도 문제라고 무작정 겁부터 먹지 말고 자신 있게 도전하면 얼마든지 풀 수 있습니다.

"너무 마음만 앞서서 그래. 천천히 해, 천천히. 속도를 끌어올리면 정확도가 떨어지는 건 어떻게 보면 당연하잖아."

"시험 때 항상 시간이 부족하더라고. 그래서 더 초조한 것 같아."

"너 꽤 잘해 왔어. 솔직히 이 정도로 잘할 거라고는 기대하지 않았거든."

기대감이 없었다는 걸 이렇게 대놓게 말하다니.

"너무하네."

"잘했다는 뜻이야. 그러니 예전보다 시간 여유가 있을 거야. 쉬운 계산이라도 암산을 줄이고 손으로 적어 가면서 풀어야 실수하지 않을 수 있어."

"알았어. 잔소리 그만!"

말을 끊자, 지니의 눈썹이 치켜 올라갔다.

"이게 어떻게 잔소리냐? 다 피가 되고 살이 되는, 어?"

"잠깐만."

나는 지니의 말을 막고 전화를 받았다.

"왜?"

"나 부탁이 있는데."

조심스럽게 첫마디를 뗀 사람은 하늬였다. 하늬가 내게 무언가를 부탁하는 건 드문 일이기 때문에 바로 대답했다.

"말해."

"지니를 하루만 빌려주면 안 될까?"

'지니를?'

나는 옆에서 구시렁거리고 있는 지니를 돌아보았다.

✎✎✎

수학 계산 실수 줄이기

평소에 문제를 풀 때 서술형 답안지를 작성하듯 식 정리를 하면서 푸는 습관을 들여야 합니다. 문제집의 좁은 공간에 여기저기 정신없이 옮겨가며 계산하지 말고, 넓은 연습장을 펴 놓고 위에서 아래로 한 줄씩 적어 내려가면서 계산하면 실수가 확실히 줄어듭니다.

그래도 계속 계산 실수가 나온다면 문제를 빨리 풀어내려는 마음이 앞선 것일 수 있습니다. 충분히 더 빨리할 수 있어도 의식적으로 계산을 천천히 해 보세요. 암산을 줄이고 직접 손으로 적어 계산하면서 속도를 늦춰 보는 것도 효과적인 방법입니다.

"여기 있어."

가방을 건네자, 하늬가 활짝 웃었다.

"고마워."

"뭐, 지니도 좋다더라고."

"문제 몇 개만 풀고 돌려줄게. 막히니까 너무 답답해서."

그건 조금 놀라운 말이었다.

"네가 못 푸는 문제도 있어?"

"아, 일급 수학 풀거든."

"그거 엄청 어렵다고 하던데 역시 만점을 받으려면 심화 문제집까지 풀어야 하는 거구나."

"아니야. 학교 시험은 이렇게까지 안 나와. 그냥 내가 풀어 보고 싶어서 푸는 거야. 어려운 문제를 풀어 나가는 과정에서 배우는 게 많거든. 보람도 있고."

"그런 소문이 있던데. 심화 문제집 몇 권은 풀어야 만점을 받을 수 있다고."

"전제가 잘못된 것 같아. 심화 문제집 몇 권을 풀 수 있는 학생이면 학교 시험은 당연히 만점을 받겠지."

'그런 건가?'

"아무튼 학교 시험이 그 문제집처럼은 안 나온다. 이거지?"

"응. 이렇게까지 복잡하게 꼬아서 내지는 않아. 충분히 풀 수 있게 나오니까 걱정하지 마."

"그래. 그럼 난 미련 없이 떠나겠어. 내일 봐."

하늬와 헤어져서 집 안으로 들어오자 어쩐지 썰렁한 기분이 들었다. 종알종알 떠들며 따라다니는 사람이 없어서 그런가?

괜히 거실 불을 켜 놓고 방 안으로 들어갔다. 어렸을 때부터 사용했던 공간인데 이상하게 방이 넓어 보였다.

밀린 빨래를 건조기 일체형 세탁기에 넣고 돌려놓은 다음 저녁을 챙겨 먹었다. 내가 좋아하는 유부초밥을 먹는데도 괜히

수학 공부법 영역

제3교시 **수학 문제집 고르는 방법**

수학 문제집을 고를 때 주변에서 추천하는 문제집을 맹목적으로 따라 푸는 학생들이 많습니다. 하지만 이건 도움이 되지 않는 위험한 선택일 수 있습니다.

자신의 수준과 맞지 않는 어려운 문제집을 선택하면 손도 대지 못하다가 답지를 보게 될지도 모릅니다. 답지를 보거나 누군가에게 설명을 들어야만 풀 수 있는 문제집을 선택해서는 안 됩니다.

공부의 기준은 언제나 자기 자신이어야 합니다. 스스로 필요한 개념을 떠올려 어떻게 풀어낼 것인지 다양한 방법으로 궁리해서 풀이를 한 글자, 한 글자 적어 내려갈 수 있는 문제집을 골라야 실력을 키울 수 있습니다.

쓸쓸한 느낌이 들었다.

"조용하니까 좋네, 뭐."

저녁 먹은 걸 대충 치우고 책상 앞에 앉았다. 말 거는 사람이 없으니, 진도가 더 빠른 것 같기도 했다. 오늘 치 분량을 끝내고 건조기로 향했다. 안에서 따끈따끈하게 마른 빨래를 꺼내서 방으로 가져왔다.

하던 대로 아무렇게나 던져 넣으려다가, 빨래를 개기 시작했다. 양말도 가지런히 짝을 맞춰서 정리하고, 속옷도 곱게 접었다. 티셔츠까지 개서 넣은 다음 침대에 누웠다.

그러고 보니 오늘은 아빠에게서 메시지가 오지 않았다. 지난 메시지를 훑어보다가 핸드폰을 내려놓았다.

'이건 마치 기다리는 것 같잖아.'

내게 필요한 건 양육비 일시불뿐이다. 마음을 다잡으며 잠을 청했다. 그리고 눈을 뜬 건 알람 소리가 울렸을 때였다.

이 알람은…….

'집에서 출발하라는 뜻이잖아?'

눈을 번쩍 뜬 나는 시간부터 확인했다. 망했다. 아침에 지니가 깨워 주는 게 습관이 되었나 보다.

머리 감을 시간이 없어서 교복만 후다닥 갈아입고 달려 나갔다. 조회 시간 5분 전에 겨우 도착해서 헐떡거리자 지혁이가 물어왔다.

"왜 늦었어? 요즘 지각 안 하더니."

"알람이 사라져서."

그런데 무슨 일인지 칠판 옆 게시판에 애들이 몰려 있었다.

"기말고사 시간표 완전 너무한다. 도대체 누가 이렇게 짠 거야? 어떻게 영어랑 과학을 붙여 놓냐고."

"잔인해."

"너무했다. 이건 과학을 포기하라는 건가."

웅성거리는 소리를 듣다 보니 불길한 느낌이 들었다.

게시판 앞으로 다가가 시간표를 확인하자 한숨이 절로 나왔다. 기말고사는 총 4일에 걸쳐서 보는데 첫날은 수학, 둘째 날은 국어, 셋째 날은 영어와 통합과학, 넷째 날은 한국사와 한문이었다.

시간표를 보고 나서야 국, 영, 수가 아닌 다른 과목도 있다는 게 실감 났다. 넷째 날 한국사와 한문은 벼락치기 해야 할 것 같고. 문제는 통합과학인가.

벼락치기 한다고 성적이 잘 나온다는 보장은 없지만 버리기는 아까웠다. 고등학교 내내 들었던 '내신만 잘 받아도 좋은 대학에 수시로 갈 수 있다'는 말 때문이기도 하고.

공부를 하다 보니 국영수 평균 80점이 아니라 전체 평균이 80점이었으면 좋겠다는 욕심도 들었다.

공부 시간을 한 시간 정도 더 늘리더라도 다른 과목도 시험 범위 정도는 훑어보는 게 좋겠다. 와, 내가 한 생각이지만 정말이지 기특한 것 같다.

'지니한테 말하면 기뻐할 텐데.'

책상에 앉자, 하늬의 뒤통수가 보였다. 보는 사람이 많으니 지니는 돌아가는 길에 받는 게 나을 터였다.

1교시는 음악이라 자습이었다. 예전의 나는 이런 시간이 되면 자거나 딴짓을 했다. 하지만 달라진 나는 작년 기말고사 수학 시험지를 꺼내 들었다.

스스로가 또 기특하게 느껴진다. 이것도 지니가 보면 칭찬해 줄 텐데.

최대한 실전처럼 풀고 싶어서 OMR카드에 옮기는 시간 5분을 제외하기로 했다. 시간을 확인한 다음 집중해서 문제를 하나씩 풀어 나갔다.

그런데 예상보다 어려웠다.

'무슨 문제를 이렇게 어렵게 내는 거지?'

1년 일찍 태어났으면 큰일 날뻔했다. 문제가 상당히 까다로웠다.

'그래도 풀 수 있는 건 다 풀어 보자.'

시간에 맞춰 문제를 푼 다음 채점했다. 결과는 놀랍게도 72점이었다. 이 정도면 가능성이 있었다.

찍어서 맞춘 게 있기는 하지만, 아는데 시간이 없어서 틀린 문제도 있었다. 역시 시간을 배분하는 연습을 더 해야 할 것 같았다.

시간만 조금 더 쓰면 왠지 풀 수 있을 것 같아서 미련하게 붙잡고 있던 문제를 과감하게 넘기는 냉철함이 필요한 때였다.

남은 기간 하루에 한 번씩은 시간을 재면서 문제를 풀어 봐야겠다.

고개를 들어 교실을 돌아보자, 대부분 책을 펴 놓고 공부하고 있었다. 절반 이상은 딴짓을 겸하고 있겠지만 그래도 시험이 코앞까지 다가왔다는 게 실감 났다.

'힘내자.'

◈◈◈

"오늘은 라면 먹어야지."

으슬으슬한 게 딱 라면 먹기 좋은 날씨였다. 오늘따라 집으로 돌아가는 발걸음이 가벼웠다.

하늬도 그런 내 기분을 느꼈는지 돌아보았다.

"기분 좋아 보인다?"

"그래? 이상하게 마음이 좀 들뜨네. 아, 어제 지니랑 문제는 잘 풀었어?"

"도움이 많이 됐어. 지니 정말 수학 잘하더라."

"그치만 잔소리가 너무 많지 않아?"

내 목소리 뒤로 지니의 목소리가 끼어들었다.

"잔소리라니! 오늘 두 배로 한번 들어 봐라."

하늬의 가방에서 흘러나오는 목소리가 반가웠지만, 괜히 퉁명스레 말했다.

"어제 혼자 있으니까 좋던데. 조용하고."

"그래서 늦잠 잤냐."

"그건 아쉽더라. 아침에 깨워 주는 사람이 있는 건 좋은 것 같아."

엄마가 일찍 출근하기 때문에 나는 계속 알람에 의지해서 일어났다. 가끔 지각하기는 했지만 스스로 잘 일어나고 있었다. 그런데 고작 한 달 만에 지니가 아침마다 깨워 주는 일상에 익숙해졌다.

"앞으로도 깨워 줄 테니 걱정하지 마."

사실 지니는 고성능 알람이다. 말로 깨우는 것뿐만이 아니라, 몸도 흔들고, 이불도 빼앗으면서 날 괴롭힌다. 괴롭다는 단점이 있지만, 확실하게 날 깨워 준다는 점은 좋았다.

"맞아. 어제 내가 잠깐 검색해 봤거든. 램프를 감정받아 보는 게 좋을 것 같아. 어떻게 생각해?"

"설마 날 팔건 아니지?"

지니의 목소리가 불안으로 떨려서 웃음이 나왔다.

"오, 그것도 고려해 봐야겠다."

"이게 토사구팽이라는 건가?"

"그게 아니라 감정받으면 어느 시대, 어느 나라 작품인지 나올 것 같아서. 단서가 되지 않을까?"

하늬도 말을 보탰다.

"괜찮은 방법인 것 같아. 사소한 단서라도 늘어나면 지니가 기억을 떠올리는 데 도움이 될 거야."

맞장구치려던 때였다. 내 옆으로 오토바이가 쌩하니 지나가면서 어깨를 툭 쳤다. 억 소리를 내며 앞으로 몇 걸음 나아가고 보니 어깨에 메고 있던 가방이 사라지고 없었다.

"내 가방!"

놀라서 고개를 돌리자 벌써 저만치 멀어져 간 오토바이가 보였다. 뒤늦게 상황이 인식되었다.

"뭐야? 지금 내 가방을 훔쳐 간 거야?"

옆에 있던 하늬가 놀란 얼굴로 다가왔다.

"안 다쳤어?"

어깨가 좀 결리기는 했지만, 부러지거나 한 건 아닌 것 같았다. 그것보다는.

"내 가방! 돈도 얼마 안 들었는데 그걸 왜 훔쳐 가?"

안에 든 건 문제집 몇 권과 필통이 전부였다. 지갑에는 1만 원 정도가 들어 있었고. 가방 자체도 고가의 브랜드는 아니었다.

그런데 왜 훔쳐 간 거지? 날치기를 할 거면 보통 돈이 많아 보이는 사람의 가방을 가져가는 게 정상 아닌가?

어이없어하는데 불안한 듯한 지니의 목소리가 들렸다.

"설마 날 훔치려던 거 아닐까?"

"널? 널 왜?"

"생각해 봐. 지니가 들어있는 요술 램프가 싸겠냐?"

그건 그렇다. 알라딘의 요술 램프가 실재한다면 그 가치는 천문학적일 것이다. 로또를 10번 맞은 것 같은 금액이 나오지 않을까.

하지만 그건 소원을 이루어 주기 때문이다. 내 지니처럼 '들어만' 주는 경우는 가치가 높아 보이지 않았다.

"넌 공부 잘하는 것 말고는 능력이 없잖아."

"기억이 돌아오면 또 모르잖아."

기억이 돌아오면 소원을 이루어 줄 수도 있으려나.

"야, 너 나중에 기억 돌아오면 잊지 말고 내 소원은 꼭 하나 들어줘라."

"봐서."

튕기기는.

지니의 가치에 대해서는 생각해 본 적 없지만, 확실히 소장하고 싶어 할 사람은 있을 것 같았다. 세상에는 희귀한 물건을 수집하는 사람들도 있다. 희귀도로만 따지만 지니는 최상급이지 않을까.

"소장 가치는 있어 보이는데, 네가 나한테 있는 걸 아는 사람이 없잖아."

"그러네."

"그래도 뭔가 찝찝하긴 하다. 하늬 네가 지니를 빌려 가서 다행이다. 아니면 방금 훔쳐 갔을 것 아니야. 잘못해서 깨졌을 수도 있고."

"와, 나 방금 소름 끼쳤어. 진짜 매립지 엔딩 날 뻔했다."

지니의 목소리가 떨리는 걸 보니 괜히 마음이 불편했다.

"일단 집에 가자."

"너희 집에 같이 가자. 밖에서 지니를 주는 건 아닌 것 같아."

"그래."

우리는 나란히 집 안으로 들어갔다. 어제는 집이 썰렁하게 느껴졌는데 오늘은 아니었다. 하늬는 들어오자마자 램프를 거실 테이블 위에 조심스레 올려놓았다.

나는 씩 웃으며 말했다.

"온 김에 공부하다가 가. 이따가 라면 끓여 줄게."

"그럴까."

하늬가 거실에 자리를 잡았다. 냉장고 문을 열자 오렌지주스가 있길래 챙겨서 거실로 갔다. 테이블 앞에 앉아 영어 교과서를 펼쳤다.

어느새 모습을 드러낸 지니가 거실의 커튼을 치더니 말했다.

"밖에서 누가 우릴 보고 있어. 남자인데 세 명이나 돼."

"누가?"

"모르지."

"기분 탓 아니야?"

"아니야. 계속 보고 있어. 거의 대놓고 보는데?"

나는 슬쩍 일어나 지니의 곁으로 다가갔다. 하늬도 같은 마음이었는지 옆에 따라붙었다. 지니가 커튼을 쳐 놓아서 작은 틈 사이로 살펴보니 우리 집 안을 기웃거리는 게 확실했다.

"진짜네. 뭐지?"

불안감이 차올랐다. 나는 핸드폰으로 엄마에게 전화를 걸었다. 하지만 엄마는 전화를 받지 않았다. 오늘은 늦게 오는 날이니까 일을 하고 있을 것 같기는 했다.

그럼 다음으로 부를만한 사람은 동완이다.

"어, 우주야."

핸드폰 너머에서 반가워하는 기색이 느껴졌다.

"삼촌 혹시 바쁘세요? 엄마랑 통화가 안 되어서요."

"아니! 삼촌 한가해! 방금 퇴근했어. 네 엄마는 오늘 회의 있는 날이라 그럴 거야. 한 시간쯤 지나면 통화될 거야."

엄마 스케줄을 줄줄 꿰고 있구나.

"아, 네."

"무슨 일인데 그래?"

"저 오다가 책가방을 날치기당했거든요. 그런데 들어와서 보니까 집 밖에 이상한 아저씨들이 어슬렁거려서요. 도둑도 들었고 해서 괜히 찜찜해서……."

갑자기 핸드폰 너머에서 우당탕거리며 무언가 쓰러지는 소리가 들렸다.

"우주야. 문 꼭 잠그고 있어. 삼촌이 지금 당장 갈게. 삼십 분이면 돼."

"감사합니다."

괜히 기분이 이상해졌다. 핸드폰을 내려놓는데 하늬가 물었다.

"새아빠 후보?"

"어떻게 진행되고 있는지는 모르겠지만 구십구 퍼센트 정도의 확률로 새아빠가 될 것 같긴 해."

"아줌마가 별다른 말씀은 안 하셔?"

"시험 끝난 다음에 말하려는 것 같던데."

하늬는 우리 집 사정을 잘 안다. 그야 옆집에서 나란히 자랐으니 당연한 일이다. 그래서인지 심각한 어조로 중얼거렸다.

"어렵다."

"그렇지?"

국어, 영어, 수학보다 어렵다. 이 문제 앞에 대면 오히려 공부가 더 쉽게 느껴진달까. 이런 생각을 하는 걸 보니 내가 시험 준비를 제대로 한 것 같기는 했다.

하늬도 문제집을 꺼내더니 옆에 자리 잡았다.

"일단 공부하자."

나도 교과서를 다시 펼쳤지만, 눈에 잘 들어오지 않았다. 같은 문장을 몇 번씩 읽고 있다 보니 동완이 들어왔다.

'와, 현관문 비밀번호도 아는구나.'

우리 앞으로 단숨에 다가온 동완이 물었다.

"놀라지는 않았어?"

"밖에 그 남자들 아직 있어요?"

"삼촌이 왔을 때는 없었어. 아무래도 걱정되어서 안 되겠다. 우주 넌 혼자 있는 시간이 너무 많은 것 같아."

"어차피 혼자 사는 세상인데요. 번거롭게 해 드려서 죄송해요. 와 달라는 뜻은 아니었는데."

이렇게 열정적으로 달려 와 주면 괜히 머쓱해진다.

"당연히 와야지. 가족이란 건 그런 거잖아. 난 우주와 가족이 되고 싶다고 말했고.”

“그런, 가요?”

동완은 감동을 바랐을지도 모르겠지만, 내가 느낀 감정은 어색함이었다. 솔직히 이런 건 조금 간질거린다.

동완이 밝은 얼굴로 말했다.

“저녁 안 먹었지? 친구도 같이 가요. 맛있는 것 사 줄 테니.”

어정쩡하게 앉아 있던 하늬가 한 박자 늦게 인사했다.

“안녕하세요.”

괜히 기분이 이상해져 버린 나는 엄마가 들으면 등짝을 후려칠 만한 말을 해 버렸다.

“비싼 거 사 주세요.”

“비싼 거 접수.”

비싼 걸 사 달라고 했는데 동완이 더없이 기쁜 얼굴을 했다. 덕분에 내 기분은 더 이상해져 버렸다. 우리는 양 적고 비싼 패밀리 레스토랑에 가서 오랜만에 칼질을 했다. 그리고 집에 돌아와 보니 엄마가 새 책가방과 함께 나를 기다리고 있었다.

담임 선생님은 시험 준비로 초췌해진 반 아이들을 둘러보았다. 공부를 열심히 하든, 하지 않든 초췌해지는 건 똑같다.

시험 기간에는 공부하는 척이라도 해야 하니 일찍 자는 건 힘들기 때문이다. 어차피 눈 뜨고 있을 거면 차라리 공부하는 게 낫지 않나.

이런 생각이 드는 걸 보면 나도 많이 변했다.

내일 시험 준비를 잘하라는 말을 마지막으로 선생님이 교실을 나섰다. 교실에 잠시 활기가 어렸으나, 이내 시험이라는 무거운 현실이 내려앉았다.

지혁이 교실 바닥을 꺼트릴 것처럼 한숨을 쉬었다.

"오늘 지구가 멸망해 버렸으면 좋겠다. 그럼 시험 안 볼 거 아니야."

"시험 때문에 지구 멸망시키지 말고 지금이라도 벼락치기를 해 봐."

나는 진지하게 조언했으나 돌아온 건 야유였다.

"넌 공부했다 이거지?"

"응."

시험 때 이렇게 여유로웠던 건 초등학교 이후로 없었던 것 같다. 물론 국영수 평균 80점이 넘지 않으면 어쩌나 하는 불안이 있기는 하지만.

그래서 차라리 시험을 빨리 치르고 싶기도 했다. 한 달뿐이었지만, 노력의 결과가 궁금하기도 했다. 지니는 끝까지 최선을 다해야 한다고 잔소리하겠지만.

"오늘은 일찍 자야겠다. 컨디션 관리해야지."

"저 재수 없는 여유. 우우우."

"우우우우."

투혁이 동시에 야유를 보내자 얄미워 보이도록 웃은 다음 가방을 집어 들었다.

"나 먼저 간다."

내가 다가가자 하늬가 바로 일어나 따라나섰다. 교문을 빠져나오자, 지니가 말을 걸었다.

"둘 다 시험 하루 남은 소감이 어때?"

하늬가 먼저 대답했다.

"시험에 크게 의미를 두지는 않는데."

"이건 전교 일 등의 발언이고, 우주 너는?"

"기대돼. 사실 내가 이렇게 열심히 공부해 본 적이 있었나 싶거든."

하늬가 바로 대꾸했다.

"없었지."

나도 안다. 다들 하니까 나도 하는 척 흉내만 냈던 것 같다. 시험 기간이니까 적당히 늦게 자면서 문제집을 펼쳐 놓고 딴짓이나 하면서.

"이번에는 도망치지 않고 최선을 다해 보고 싶어. 목표한 점수를 넘지 못해도 후회는 남지 않게."

스스로 생각해도 기특한 말이었다. 그런데 지니의 목소리에 웃음이 섞였다.

"아빠랑 에스엔에스로 연락하니까 보험 들어서 편안해진 건 아니고?"

사실 그런 이유도 없지는 않아서 수긍했다.

"그것도 있고. 너희가 보기에는 어때? 내가 수학 팔십 점을 넘을 수 있을 것 같아?"

"충분히. 넘지 못한다고 해도 결과랑 상관없이 잘했다고 생각해."

하늬의 대답에 어깨가 조금 펴졌다. 하지만 이어지는 지니의 말이 다시 어깨를 짓눌렀다.

"그래도 이왕이면 좋은 결과를 내야지."

"왜 기를 죽이고 그래. 우주가 이렇게 노력한 거 처음 본단 말이야."

결과로 모든 걸 말해야 한다는 지니와 노력 자체로 의미 있다는 하늬가 주거니 받거니 하는 말을 흘려들으며 걸음을 옮겼다. 이상한 일이지만 내일이 기대되었다.

시험 준비 영역
시험을 치르는 자세

시험의 목표가 '반드시 잘 보겠다, 한 문제도 틀리지 않겠다'가 되어
서는 안 됩니다. 시작부터 자신에게 큰 부담을 주면 시험 도중 발생
하는 돌발 변수에 크게 흔들려 되레 시험을 망칠 수 있습니다. 이보
다는 '시험을 망치지 말아야지, 풀 수 있는 문제는 다 풀고 나와야지'
정도의 절제된 각오로 시험에 임하는 게 좋습니다.

마음가짐의 차이만으로도 시험에서 평소 실력을 발휘하며 끝까지
문제를 차분히 풀어낼 수 있습니다. 부담을 덜어 내고 문제를 차곡
차곡 맞혀 가다 보면 시험에서 발휘되는 집중력이 더해져 좋은 결과
는 자연스럽게 따라옵니다.

"일어나."

지니의 목소리에 눈을 떴다. 시간을 보니 평소보다 20분이나
빨랐다.

"더 자도 되잖아."

"아침 먹고 가."

"나 원래 아침 안 먹어."

"조금만 먹어. 아줌마가 밥 차려 놓고 나가셨어."

"엄마는 새벽같이 나가면서 무슨 밥을 차렸대."

투덜거리면서 일어났다. 식탁에 앉아 차려져 있는 밥을 먹는데 지니가 잔소리를 시작했다.

"마킹펜 잘 챙겼지?"

"응. 어제 챙겼어."

"천천히, 차분하게 아는 문제부터 알지?"

일어나서부터 잔소리가 줄줄 이어지고 있었다.

"밥 먹다 체하겠다."

"걱정되니까 그렇지."

나는 밥을 반 그릇 정도 먹고 싱크대에 밀어 넣었다.

"더 먹지 왜 그것만 먹어?"

"아침을 평소에 안 먹어서 소화가 안 될 것 같아."

"설거지는 내가 해 놓을게."

지니가 싱크대 앞에 서며 말했다. 그럼 사양하지 않고.

"나 씻는다."

서둘러 학교 갈 준비를 마치자, 지니가 거실에서 기다리고 있었다. 편안하게 TV를 볼 수 있도록 소파 테이블 앞에 램프를 옮겨준 다음 TV 리모컨을 앞에 놓아두고 말했다.

"다녀올게."

"저녁때 봐."

시험 보는 동안은 지니를 집에 두고 다니기로 했다. 온종일 집에 혼자 있으면 심심할 것 같기는 했지만, 어쩐지 지니를 데리고 다니면 커닝하는 기분이 들 것 같았다.

현관문을 나서자 한결 차가워진 공기가 얼굴을 감쌌다.

나는 종종걸음으로 정원을 가로질러 대문을 열었다. 오늘은 하늬가 더 늦나 보다. 대문 앞에 서 있다가 막 나서는 하늬를 향해 말했다.

"좋은 아침!"

'시험 시간표'가 붙어있던 곳에 '공부의 3단계'가 부착되었다. 그걸 보니 시험이 끝났다는 실감이 들었다.

국어, 영어, 수학 시험이 끝난 다음에도 다른 과목 시험이 남아있는 탓에 벼락치기를 반복해야 했다. 하지만 마지막 시험까지 끝나자, 해냈다는 느낌이 들었다. 이렇게 한 달 만에 몰아치듯이 하지 않고 평소에 틈틈이 공부하면 진짜 좋은 결과가 나올 것 같았다.

특히 수학은 시험 문제를 읽을 때마다 느꼈던 막막함이 사라

공부 동기 부여 영역
공부의 3단계

1. 공부는 엉덩이로 한다.

   공부를 시작하기 위해서는 우선 강한 의지와 꾸준한 노력이 필요합니다. 힘들고 포기하고 싶은 순간이 오더라도 이를 참고서 엉덩이를 의자에 오래 붙여 놓은 습관을 들여야 합니다.

2. 공부는 머리로 한다.

   그렇게 공부를 열심히 해 나가면 분명 공부에 대한 감이 올 것입니다. 과목별로 어떻게, 얼마나 공부해야 잘할 수 있는지 터득하는 공부 머리가 갖춰집니다.

3. 공부는 가슴으로 한다.

   공부 머리를 갖고 몰입하다 보면 어느 순간 '나는 해낼 수 있어!'라는 확신이 생깁니다. 그렇게 확신에 찬 뜨거운 가슴으로 간절히 공부하게 되면 반드시 목표한 꿈을 이루어 낼 것입니다.

졌다. 처음 보는 문제가 나오긴 했지만 풀다 보니 방법이 보였다. 엄청난 발전이었다.

국어와 영어는 통째로 외웠더니 어렵지 않게 시험을 볼 수 있었다. 고2부터는 시험 범위 밖의 외부 지문이 많이 나온다니 이번 같이 지문 암기만으로는 안 될 것이다.

이제는 벼락치기가 아니라 제대로 된 공부법을 시작해야 할 테지만, 지니가 있으니 문제는 없었다.

핸드폰이 울려서 확인해 보니 아빠였다.

우주 시험 잘 봤니?
사실 아빠는 지금 서울이야. 우주가 너무 보고 싶어서 왔어.
잠깐 얼굴을 볼 수 있을까?
기다리고 있을게. 아직 내가 밉거나, 마음의 준비가 안 됐다
면 오지 않아도 괜찮아.
아빠는 이해하니까.

"와, 일방적이다."

나올 것을 종용하는 모습이 부담스럽지만, 한편으로는 정말로 나를 보고 싶어 했던 모양이라고 이해하는 내가 있었다.

'나 때문에 비행기 타고 온 건 맞으니까.'

오늘 나가지 않으면, 아빠는 그대로 돌아가 버릴지도 모른다. 그럼 내 양육비 프로젝트도 엉망이 된다. 하지만 정말 그게 중요한가?

솔직히 잘 모르겠다.

지니가 곁에 있었다면 조언을 해 주었을 텐데.

"표정이 왜 그래? 시험 망쳤어?"

고개를 들자, 하늬가 날 내려다보고 있었다.

"아빠가 날 기다리고 있대."

"기다리다니?"

단번에 이해되지 않는 게 당연했다. 나 역시 메시지를 받고 이게 실제 상황인가 싶었으니까.

"아빠 지금 서울이래."

"지금?"

"응. 지금."

하늬의 이마가 살짝 구겨졌다.

"한국 들어오셨대? 그래서 어디래?"

"카페라던데, 거기 알지? 사거리에 카페 숲."

"좀 일방적이다."

하늬 역시 마음에 걸렸던 부분을 짚어 주었다. 그런데 나도 모르는 새 역성을 들었다.

"오지 않아도 괜찮대. 강요는 아니야."

"네 마음이 불편하니까 강요야. 그래도 가고 싶으면 가 보는 게 어때."

"사실 가채점해 보니까 평균 팔십 점이 넘은 것 같기는 하거든. 그럼 가 봐도 괜찮을 것 같기도 한데."

사실 어떻게 해야 할지 모르겠다. 엄마한테 전화해 보는 게 나을까. 고심하는데 하늬가 물었다.

"어느 쪽을 더 후회할 것 같아?"

"후회?"

"갔을 때와 가지 않았을 때 어느 쪽을 더 후회할 것 같은지 생각해 봐. 나는 고민되는 일이 있으면 그렇게 하거든."

후회, 후회를 기준으로 한다면 정답은 나와 있었다. 이대로 집에 간다면 내내 후회할 게 뻔하니까.

어쩌면 나는 또 도망치고 싶었는지도 모르겠다.

"고마워."

"결정했나 보네."

하늬가 눈을 휘며 웃었다. 어쩐지 나를 응원하는 것 같은 미소라서 힘이 났다.

"응. 가 봐야겠어."

나는 가방을 들고 일어났다. 일단 아빠를 만나고 싶었다. 왜 한 번도 나를 찾지 않았는지에 대한 구구절절한 변명을 듣고 싶었다.

어쩌면 나는 아빠에게 투정을 부리고 싶었는지도 모르겠다.

하늬가 물었다.

"앞까지 같이 가 줄까?"

"그래 주면 고마울 것 같아. 아니야. 제발 같이 가 주세요."

"알았어."

하늬가 기꺼이 수락해 주어서 우리는 나란히 걸었다. 별다른 말은 오가지 않았다. 머릿속이 복잡하다기보다는 아무런 생각도 나지 않았다.

그저 중간에 하늬에게 한마디를 건넸을 뿐이다.

"고마워."

하늬는 조금 웃었다.

아빠가 기다리고 있는 곳은 걸어서 10분 거리의 카페였다. 통창을 통해 카페 내부가 훤히 들여다보여서 한눈에 알아볼 수 있었다.

나와 닮았다거나 하는 그런 이유 때문은 아니었다. 아빠 나이대의 남자가 카페 안에 한 명밖에 없었다.

"엄마가 거짓말한 것 같아."

"응?"

"아빠가 잘생겨서 결혼했다고 했거든."

하늬의 입술 사이로 옅은 웃음이 흘러나왔다. 나는 크게 심호흡하고는 들어갈 마음의 준비를 했다. 그런데 좀처럼 발걸음이 떨어지지 않았다.

하늬가 그런 내 등을 가볍게 밀어 주었다.

"어서 가 봐. 다녀와서 어땠는지 말해 줘."

"응. 갈게. 고마워."

나는 힘을 내서 카페 문을 열었다. 내가 앞에 서자 아빠는 감격한 얼굴을 했다. 그 드라마틱한 표정 변화가 조금 거북하게 느껴졌다. 저렇게 반가워할 거면서 왜 한 번도 찾지 않았을까 하는 그런 뾰족한 마음이 일었다.

더없이 기쁘다는 듯이 활짝 웃은 아빠가 가장 먼저 건넨 말은 이것이었다.

"우주구나? 뭐 마실래?"

"저는 라테요."

"그래."

벌써 커피 마시면 안 된다고 할 줄 알았는데 아빠는 바로 일어나서 주문을 하러 갔다. 주문하는 아빠의 키는 그렇게 커 보이지 않았다.

내 키가 요만한 이유를 알겠다. 더 자랄 거라는 희망이 사라졌다. 따듯한 라테를 내 앞에 내민 아빠는 웃어 보였다.

"우주 많이 컸구나. 아빠에 대한 기억은 거의 없지?"

"나긴 해요. 희미하지만."

엄마와 통화로 싸우던 모습뿐이지만 뭐, 그것도 기억은 기억이다.

"좋은 기억이어야 할 텐데."

나는 어색하게 웃을 뿐이었다. 아빠가 다시 물었다.

"시험은 잘 봤니?"

"나쁘지 않았어요."

"잘 봤나 보네."

"아빠는 잘 지냈어요?"

엄마와 나를 두고 떠난 걸 후회한 적은 없나요? 라는 질문은 입 밖으로 나오지 않았다.

"아빠는 항상 우주가 보고 싶었어."

어쩐지 와닿지 않는 말이었다. 듣고 싶었던 말이었던 것 같기는 한데, 묘하게 감동이 없었다.

"사실 제 생각은 안 하시는 줄 알았어요."

"내가 보낸 선물들을 이번에 받았다면서."

"뭐가 많기는 하더라고요. 대부분 유통 기한이 지나기는 했지만요."

옷은 전부 작아져서 팔도 들어가지 않았다. 먹는 것들은 이미 유통 기한을 몇 년씩 넘겼고. 펜 같은 필기구도 오래되어서인지 나오지 않았다.

"뭐가 제일 마음에 들었어? 역시 램프지?"

"맞아요."

지니를 내게 보내 준 건 고맙다는 생각이 들었다. 물론 아빠는 그 안에 지니가 있는 줄 몰랐겠지만.

"오늘도 들고 왔니?"

"아뇨. 시험 기간이라 집에 두고 왔어요."

"그래. 그렇구나."

어쩐지 실망한 것 같은 얼굴이라 말을 덧붙였다.

"얼마 전에 가방 소매치기도 당했거든요. 그때 제 가방에 들어 있었으면 잃어버렸을 거예요."

"내 선물을 소중히 여겨 줘서 고맙다."

"아빠 그런데 그 램프는 어떻게 얻은 거예요? 아니, 그냥 궁금해서요. 골동품 시장에서 샀어요?"

"우리가 발굴했던 건데, 역사적 가치가 없다고 감정받았지. 기념 삼아 정부에서 매입한 거다."

그럼 지니의 첫 주인은 나라는 뜻인가? 고민하는데 아빠가 의자를 뒤로 빼며 일어났다.

"잠깐만, 아빠 화장실 좀 다녀올게."

나는 가볍게 고개를 끄덕이며 라테 잔을 들었다. 아빠가 자리를 비우자, 생각을 정리할 수 있어서 오히려 편했다.

거의 십 년 만의 만남인데 무언가 감동이 없었다. 데면데면한 느낌이랄까.

"그냥 낯설어서 어색한 건가?"

그러고 보니 양육비 얘기도 해야 했다. 만나자마자 말하는 건 너무 감동 박살이겠지. 나는 라테를 홀짝 마신 다음 핸드폰을 꺼 내 하늬에게 메시지를 보냈다.

> 집에 잘 도착했어? 난 재미도 감동도 없어. 뭔가 기대했던 그림은 아니야.

> 어차피 목적은 양육비였잖아.

> 그렇긴 하지. 말 꺼내자마자 도망치면 어쩌지?

> 그렇지 않을 거야. 널 만나러 여기까지 왔잖아.

그렇지. 그렇긴 한데.

핸드폰을 들여다보고 있는데 무언가 이상하다는 느낌이 들 었다. 화장실에 간다던 아빠가 너무 오랫동안 돌아오지 않고 있었다.

'변비인가?'

그렇다기에도 너무 과한데.

나는 슬쩍 일어나 화장실을 안을 기웃거렸다. 그런데 남자 화장실은 텅 비어 있었다. 뭐야. 아빠는?

나는 충격을 받아 조금 멍해졌다. 날 두고 간 거야? 이대로? 왜?

처음에는 어이가 없더니 이내 화가 났다. 아빠에게 전화를 걸었지만 받지 않았다. 설마 무슨 일이 있는 건가?

나는 엄마에게 전화를 걸었다.

"응. 아들."

"엄마, 나 방금 아빠랑 만났는데. 아빠가 화장실 간다고 하고 가 버렸어."

"뭐? 그게 무슨 말이야."

엄마의 목소리가 높아지자 아차 싶었다. 당황한 나머지 앞뒤 없이 말해버렸다.

"사실은 아빠랑 얼마 전부터 에스엔에스로 연락했거든. 갑자기 오늘 만나자고 하는 거야. 카페에서 기다리고 있겠다고. 그래서 나왔는데 잠깐 얘기하고는 사라졌어."

"우주야!"

엄마가 비명을 지르듯이 내 이름을 불렀다.

"미안해. 비밀로 하려던 건 아니었어."

"우주야."

엄마의 목소리는 화가 난 것도 서운해하는 것도 아니었다. 그 목소리에 담긴 감정은 마치 공포와 닮아있었다. 무언가를 두려워하는 것 같은 떨림이 목소리에서 전해졌다.

"너 지금 혼자 있니?"

"응. 카페야."

"카페 안에 다른 사람들 있지?"

"응."

"거기 그대로 있어. 엄마가 갈게."

"왜? 아빠 설마 범죄자야? 설마 나 보려고 탈옥했다거나 그런 무서운 스토리는 아니지? 갑자기 내 인생이 범죄물 되는 건 싫은데."

엄마가 비명을 지르는 것처럼 외쳤다.

"네 아빠는 돌아가셨어. 삼 년 전에."

내가 지금 무슨 말을 들은 거지? 핸드폰을 들고 있던 손에 힘이 쭉 빠졌다.

"그럼 그 사람은 누구야?"

이해할 수가 없었다. 조금 전까지 마주 앉아 있던 남자는 누구란 말인가.

"그 사람이 너한테 왜 접근한 건지는 모르겠지만 그대로 있어. 엄마가 갈 테니까 사람들 많은 데 있어."

잠시 멍하게 있던 나는 무언가를 떠올렸다.

"왜인지 알 것 같아. 그 사람 집요하게 램프에 관해 물어봤었어. 집, 집에 가야 할 것 같아. 엄마도 집으로 와. 난 지금 먼저 갈게!"

"얘! 우주야!"

나는 집을 향해 전속력으로 달려갔다. 불길한 예감이 점점 온몸을 감쌌으나, 떨쳐 내기 위해 속도를 높였다.

◇◇◇

지니는 소파 테이블 앞에 앉아 펜을 들었다. 시험은 모두 끝났다. 이제 단기 속성 내신 공부법이 아니라 평상시 어떻게 공부를 해야 할지 알려 주어야 했다.

'오기 전에 끝내 놔야지.'

부지런히 공부법을 써 내려가는 지니의 입꼬리가 장난스레 올라갔다. 시험이 끝났다며 놀 궁리를 하다가 이걸 받아 들고 괴로워할 우주가 상상되었다.

⟨국어 공부하는 방법⟩

국어 공부는 매일 조금씩 꾸준히 하는 게 좋아. 새로운 지문을 빠르고 정확히 읽어낼 수 있도록 독해력을 높여야 하거든. 독해력은 단시간에 올릴 수 없으니까 시간을 투자해야 해. 지문을 읽다가 모르는 어휘가 나오면 문맥을 통해서 유추하는 연습을 해 봐. 문법도 따로 공부한다기보다는 학교 시험을 준비하면서 정리해 두는 게 더 좋을 거야.

문학에서 중요한 건 작품 안에 작가가 숨겨 놓은 의미를 파악하는 거고, 비문학에서 중요한 건 이 글이 주는 정보가 무엇인지를 파악하는 거야. 또 고전 문학은 과거와 현대의 언어가 어떻게 다른지를 익혀 두는 게 중요해.

문제집을 선택할 때는 지문에 대한 해설이 자습서처럼 꼼꼼하게 되어 있는 게 좋아. 다른 지문보다는 교과서나 수능, 모의고사에 나온 지문을 우선적으로 살펴보는 걸 권해. 문제 풀이보다는 지문 읽기에 집중해서 공부해야 독해력을 키우는 데 도움이 된다는 걸 잊지 말고.

〈영어 공부하는 방법〉

영어 공부는 문장을 해석하는 데 시간을 많이 써야 해. 주어, 서술어, 목적어 같은 문장 성분으로 끊어서 해석하는 연습을 해 봐. 대명사, 접속사, 지시어를 통해 문장 사이의 연결 관계를 파악하면서 읽으면 지문 이해가 더 잘될 거야. 해석하는데 모르는 단어가 너무 많으면 차라리 영어 단어장을 먼저 외워. 그 외의 나머지 단어는 지문 안에서 외우자.

문법은 그 자체를 외우기보다 문장에서 어떻게 쓰이는지에 초점을 맞춰 공부하는 게 좋아. 문법이 어렵다면 학원이나 인강을 통해 빠르게 정리해 보는 것도 괜찮은 방법이야.

문제집을 선택할 때는 우선 해설지에 문장을 끊어서 해석해 놓은 걸 골라. 너의 해석과 해설지의 해석이 일치하는지를 반복해서 확인하는 훈련을 해야 해.

아, 그리고 영어 듣기는 많은 문제를 풀기보단 같은 지문을 여러 번 반복해 듣는 게 나아.

국어와 영어는 단기간에 성적이 오르지 않는 과목이니 너무 조급해할 필요 없어. 무엇보다 내가 같이 있을 테니까 너는 무엇이든 해낼 수 있을 거야.

마지막 문장을 적어 넣은 지니는 펜을 내려놓았다.

"투덜거려서 그렇지 잘 따라온단 말이야."

이대로 가면 우주를 제법 괜찮은 대학에 보낼 수 있을 것 같았다. 그러고 보니까 우주의 꿈에 관해서 물어본 적이 없었다. 우주가 앞으로 무엇을 하고 싶은지에 대해서도 얘기해 봐야 할 듯싶었다.

펜을 내려놓는데 현관문 열리는 소리가 들렸다. 지니는 자리에서 일어나 우주를 반겼다.

"왔어?"

막 들어오는 사람과 눈이 마주친 지니는 그대로 굳어버렸다. 우주가 동완 삼촌이라고 부르는 사람이었다.

'새아빠가 될 거라고 했던가?'

지니의 등 뒤로 식은땀이 흘렀다.

"누구십니까?"

동완의 질문에 지니는 난감해졌다. 인제 와서 모습을 감출 수도 없는 일이었다. 차라리 지금이라도 감추면, 헛것을 봤다고 생각……

할 리가 없지.

지니는 어색하게 웃으며 고개 숙여 인사했다.

"안녕하세요. 아, 저는 우주 공부를 봐주는 형이에요. 우주가 이번에 국영수 평균 팔십 점 받기로 한 건 아시죠? 과외를 부탁해서 틈틈이 공부를 봐줬거든요."

그제야 동완의 표정이 온화해졌다.

"그렇군요. 우주는 어디에 있습니까?"

"아직 안 들어왔는데, 곧 올 거예요."

"그런데 우주도 없이 혼자 집에 있었던 거예요?"

다시금 의심 어린 눈초리가 쏟아졌지만 어쩔 수 없었다.

"그게 우주가 조금 늦는다고 추우니까 안에서 기다리라고 해서요. 그런데 어떻게 오셨어요? 아주머니는 오시려면 한참 남았을 텐데요."

동완이 가까이 다가왔을 때였다. 파열음과 함께 거실 창이 산산이 깨졌다.

"피해요!"

지니가 외침과 동시에 동완의 앞을 가로막았다. 동완은 지니가 자신을 감싼 걸 보고 눈을 크게 떴다. 비산하며 깨진 유리가 사방으로 흩뿌려진 채였다.

"아니, 학생. 안 다쳤어요?"

"괜찮아요. 그보다."

지니는 말끝을 흐렸다.

베란다 창을 깨고 들어온 남자를 발견한 탓이었다. 그는 커다란 해머를 손에 들고 있었는데, 지니를 본 순간 해머를 떨어트렸다.

"네가, 어떻게……."

마치 지니를 알아본 듯한 모습이 의아했다. 하지만 그런 생각을 할 새는 없었다. 지니는 동완에게 소리쳤다.

"핸드폰 있으시죠? 경찰 불러 주세요."

"아, 그래. 경찰!"

동완이 허둥지둥 신고하는 사이에 지니가 앞으로 나섰다.

"너 뭐야? 지난번 도둑도 너냐?"

"네가 어떻게……."

남자는 마치 귀신을 본 것 같은 얼굴로 말을 더듬었다. 남자의 시선은 지니에게서 떨어질 줄을 몰랐다.

지니가 미간을 좁히며 물었다.

"당신, 날 알아?"

지니가 자신을 알아보지 못한다는 걸 깨달은 남자는 묘한 얼굴을 했다. 그러더니 혼잣말처럼 중얼거렸다.

"설마, 램프?"

"날 아나 보네."

지니의 한쪽 입꼬리가 올라갔다. 알고 있는 게 뭔지는 모르겠지만 캐내야겠다고 결심했던 때였다. 남자가 갑자기 소파 테

228

이불 쪽으로 달려가더니 램프를 집어 들었다.

"이거구나? 정말 이게 소원을 들어주는 거였어. 네 소원이 우주 앞에 다시 당당하게 나타나는 거였잖아."

"……내가, 우주 앞에?"

신고를 마친 동완이 지니 곁에 섰다.

"그거 내려놔. 당신은 이 집에서 아무것도 못 가지고 나가."

"막을 수 있으면 막아 보던가."

남자가 음흉하게 웃었다. 그 순간 밖에서 큰 목소리가 들려왔다.

"도둑이야!"

소리친 사람은 우주였다.

"우주야! 오지 마!"

지니가 외친 순간 남자가 램프를 들고 달려 나갔다. 지니가 도망치는 남자의 팔을 붙잡았다.

"놓고 가!"

"이 도둑놈아! 지니를 내려놔!"

우주까지 달려들어 남자의 팔을 붙잡고 매달렸다. 우주의 등장에 놀란 동완까지 달려 나와 정원은 아수라장이 되었다. 그 와중에 엄마의 새된 비명이 들렸다.

"오지 마!"

우주와 지니, 동완이 동시에 외쳤다.

엄마는 다리에 힘이 풀렸는지 그 자리에 주저앉았다. 엄마의 시선이 향한 곳은 도둑도, 나도, 동완도 아니었다.

엄마는 지니를 바라보며 무언가에 홀린 것처럼 중얼거렸다.

"여보."

여보라는 말에 우주는 동완을 바라보았고, 동완은 당황한 눈치였다. 그리고 지니는 우주를 바라보았다.

모두의 움직임이 멈춘 찰나의 순간, 우주를 밀쳐 낸 남자가 달려 나갔다. 가장 먼저 반응한 사람은 동완이었다. 몸으로 들이받으며 밀치자, 균형을 잃은 남자가 램프를 놓쳤다. 포물선을 그리며 날아간 램프는 바닥에 떨어져 산산이 부서졌다.

"지니야!"

우주가 달려갔지만 이미 조각난 램프는 어쩔 수 없었다. 남자는 램프가 깨진 걸 확인하고는 그대로 도주했다.

잠시 멍하니 있던 지니는 우주와 엄마를 차례로 보았다. 마치 지하철역을 올려다볼 때와 마찬가지로 슬픈, 회한이 묻어나는 얼굴이었다.

"왜 지하철역을 볼 때마다 슬펐는지 알겠어. 나는 떠나지 말았어야 했어. 돌아오고 싶었던 것 같아."

상황과 맞지 않는 지니의 말이 이해되지 않았어야 했다. 그렇지만 우주는 그 순간, 모든 상황을 이해해 버렸다. 지니가 누구인지, 어떤 존재였는지.

"이런 아빠라서 미안해."

네가 어떻게 내 아빠가 될 수 있느냐는 말은 나오지 않았다.

"친구 같은 아빠가 되어 주고 싶었는데, 너무 늦었지?"

우주는 뭐라고 말해야 할지 알 수 없었다. 한 마디도 쉽게 꺼내지 못하고 머뭇거리는 사이에 지니는 조금 흐릿해졌다. 시간이 얼마 남지 않았다는 느낌이 들었다.

마지막 인사를 해야 한다는 것도.

"저 도둑놈이 아니라 지니가 아빠라서 다행이야. 다행이라고 생각해."

"그렇다면 다행이고."

"곁에 있어 줘서 고마웠어."

지니는 기쁘다는 듯이 웃으면서 엄마와 눈을 맞췄다.

"행복해져. 재희야."

동완을 돌아보았다.

"재희와 우주를 부탁합니다."

그 말이 마지막이었다. 엄마의 이름과 내 이름을 언급한 지니는 나타났던 때처럼 갑자기 사라졌다. 마치 연기처럼.

내 앞에 남은 건 램프의 조각들뿐이었다.

낯부끄럽게도 눈에서 눈물이 흘러나왔다.

◇◇◇

국어, 영어, 수학 평균 83점을 받았다. 하지만 아무런 소용 없는 일이었다. 아빠는 돌아가셨고, 지니는 떠났으니까.

신고했지만 그 남자는 잡지 못했다. 바로 비행기를 타고 출국했다는데 고작 유리창을 깨고 램프를 파손한 걸로 외국으로 도주한 사람을 잡아 줄 것 같지는 않았다.

엄마는 그 사람이 아빠의 발굴팀 동료였다고 알려 주었다.

그자가 말해 준 단서를 토대로 알아보니 아빠가 돌아가신 다음에 램프의 가치가 재조명되었다고 했다. 정부에서 재매입 의사를 밝혔지만, 아빠의 짐에서 발견되지 않아 찾던 중이었단다.

내 편지를 받은 그가 램프를 노리고 접근한 것 같았다.

엄마는 약속대로 아빠를 보여 주었다. 엄마가 보여 준 아빠는 사진 속에 있었다. 앨범에 담겨 있는 아빠는 정말로 지니였다.

어린 시절부터 내 또래의 모습, 결혼식 사진 그리고 내 돌잔치 때 한복을 입고 찍은 사진까지 모두 남아 있었다.

사진을 훑어보던 내가 말했다.

"엄마, 나 키 크겠다."

"맞아. 네 아빠 키 컸어. 그런데 갑자기 아빠를 만나고 싶었던 이유가 뭐야? 엄마 재혼 때문에 심란해서?"

"아니, 양육비 일시불로 받을 계획이었는데."

"뭐?"

엄마의 눈이 크게 뜨였다. 그런 현실적인 이유일 거라고 생각하지 못한 것 같았다.

"용돈이 부족해?"

"엄마 결혼하면 아무래도 돈이 필요할 것 같아서. 독립해 놓고 계속 용돈 받아 쓰는 것도 이상하잖아."

갑자기 등골이 오싹해졌다. 눈썹이 끝도 없이 치켜 올라가는 저 모습은 엄마가 폭발하기 3분 전쯤 되는 것 같은데.

"독립이라니? 그게 무슨 소리야?"

아니나 다를까 날카로운 목소리가 이어졌다.

"나도 눈치가 있지, 언제까지 엄마의 짐으로 살 수만은 없잖아."

"누가 그래! 누가 그런 소릴 한 거야! 설마 동완 씨야?"

엄마는 폭발하듯이 화를 냈다. 엄마가 화내는 모습을 수도 없이 많이 봤지만 이렇게까지 분노하는 모습은 처음이었다.

이대로는 엄마가 달려 나가 동완의 멱살이라도 잡을 것 같아서 빠르게 정정했다.

"아니. 삼촌은 아니지."

"그럼 누가 그랬어! 네가 직접 생각한 건 아닐 거 아니야."

"이모들."

"이모들? 이모들이 언제?"

"명절인가? 이모들끼리 얘기하면 자주 그랬었는데 사실이지 뭐."

"언니들이라 이거지?"

마주하는 눈빛에 어린 분노를 확인한 나는 침을 꼴깍 삼켰다. 엄마가 이렇게 화를 낼 줄은 몰랐다.

"우주야, 난 한 번도 우주가 짐이라고 생각해 본 적 없어. 내가 가장 사랑하는 사람은 우주 너고. 그건 절대로 변하지 않을 거야."

"징그럽게 왜 그래."

갑자기 무서워지려고 한다. 도망치고 싶어졌으나 엄마는 진지하게 말을 이었다.

"네가 동완 씨랑 가족으로 같이 사는 게 싫다거나, 어색하다면 결혼하지 않을 생각이야. 그건 동완 씨도 찬성했어."

"그럼 어떻게 하려고?"

"연애만 하는 거지. 네가 진짜 독립을 하거나, 결혼하면 그때 다시 고민해 보려고."

"그게 뭐야. 그냥 결혼해."

"그건 천천히 생각해 보기로 하고, 우주 너! 그런 생각 다시는 하지 마. 짐이라니 그게 말이 돼? 이모들 입은 내가 꿰매 버릴 거니까 신경 쓰지 말고."

딱히 이모들에게 악감정은 없었던 지라 애도의 마음을 표하게 되었다.

"알았어. 그런 생각 안 할게."

한껏 분노하던 엄마가 갑자기 어깨를 떨궜다.

"이게 정말 무슨 일인지 모르겠다. 엄마는 믿기지 않아."

"나도 처음엔 그랬어. 하지만 지니는, 아빠는 일 년 정도 우리 곁에 있었대. 기억이 없었지만, 그리운 사람을 찾아서 왔다고 했어. 나랑 마주 보고 얘기한 건 한 달 정도지만."

"누가 들으면 미쳤다고 할 거다."

그건 공감한다. 엄마는 한숨을 푹 쉬더니 말했다.

"이번에 드라마틱한 네 시험 점수는 그럼 그 인간의 작품이구나?"

"응. 계속 붙어서 잔소리했거든."

"그 인간 원래 공부는 잘했어. 아무튼 있을 때 잘하지. 왜 죽어서 미련을 떨었다니."

"그러니까. 진즉에 좀 잘하지. 그런데 아빠는 왜 내 또래의 모습으로 나타난 걸까."

"내가 네 아빠를 만난 게 열여덟이었어."

엄마는 그날 처음으로 아빠를 어떻게 만나 연애했는지에 대해 말해 주었다. 딱히 흥미롭지 않은 평범한 연애 스토리라 조금 지루했다.

요술 램프는 정말로 소원을 들어주는 램프였는지 모르겠다. 어찌 되었든 나의 세 가지 소원을 모두 이루어 준 셈이다. 나는 아빠를 만났고, 국영수 평균 80점 이상을 받았다. 그리고 엄마의 짐이 아니라는 걸 확인받았다.

나중에 찾아온 이모들은 내가 듣고 있는 줄 몰랐다며 사과하고 용돈을 듬뿍 안겨 주고 돌아갔다. 그렇게 비슷한 하루가 또 지나갔다.

"우주야. 일어나."

"십 분만요."

"일어나. 학교 늦어."

이 낮은 도 톤의 목소리는 동완이다. 아침에는 비교적 늦게 출근하는 동완이 나를 깨우고 있었다. 부스스 눈을 뜨자 계란프라이 냄새가 났다.

동완은 내가 빈속으로 학교에 가는 걸 싫어한다. 그래서 시리얼, 토스트, 계란프라이같이 간단한 아침을 해 준다. 동완이 해 준 계란프라이를 한입에 털어 넣은 다음 귀리우유를 벌컥벌컥 마셨다.

"잘 먹었습니다."

인사한 다음 머리를 감고 교복을 갈아입었다. 봄에 엄마는 재혼했고, 우리는 동완의 아파트로 들어왔다. 애초에 집이 멀지 않았기 때문에 전학은 가지 않아도 되었다.

나는 학교로 출발하기 전에 책상 위에 놓인 유리 볼을 응시했다. 유리 볼 안에는 깨진 램프 조각이 들어 있었다. 열심히 주웠지만 모든 조각을 찾지는 못했다.

그 옆에는 지니가 곱게 적어놓은 국어, 영어 공부법이 코팅되어 있었다. 내게 남은 건 지니와 보냈던 한 달의 추억과 이 공부법뿐이다.

유언으로 공부법을 남기다니 너무한 것 아닌가.

"다녀올게."

방문을 닫고 나가자, 넥타이를 매는 동완이 보였다.

"다녀오겠습니다."

"어, 우주야. 잘 다녀와."

"네."

그대로 나가려던 나는 걸음을 멈췄다. 그리고 동완을 돌아보았다. 시선을 느낀 동완이 돌아보았다.

"왜? 필요한 거 있어?"

"아니요. 저녁때 봬요. 아빠."

동완의 눈이 커졌다. 나는 쑥스러운 마음을 감추려고 걸음을 빨리했다. 오늘 밤에는 자다가 이불을 발로 찰 것 같았다.

엘리베이터를 타고 1층으로 내려갔다. 또다시 겨울이 되어 버린 날씨는 몸도 마음도 꽁꽁 얼려 버릴 것처럼 추웠다.

나는 학교를 향해 걸음을 옮겼다. 확실히 집에 틀어박혀 공부하기 좋은 날씨다. 지니가 할 법한 말을 떠올리며 학교로 향했다.

저 멀리 익숙한 뒷모습이 보여서 걸음을 빨리했다.

"같이 가."

돌아본 하늬가 자리에 멈춰 서며 말했다.

"좋은 아침."

"응. 좋은 아침."

그렇게 특별하지는 않은, 여느 날과 같은 하루가 다시 시작되었다. 누군가 내게 소원을 묻는다면, 지난겨울로 돌아가게 해 달라고 말할 것 같다.

하지만 소원을 이루어 내야 하는 건 나 자신이라는 걸 알고 있다. 그래서 아쉽지만, 어딘가를 향해 인사를 건네 본다.

안녕, 좋은 아침이야.

　안녕하세요. 『고스트 티처의 밀착 과외』의 스토리를 맡은 로서하입니다.

　이 페이지에 도달한 독자가 있다는 것만으로도 기쁜 일이에요. 책 한 권을 끝까지 읽어 낸다는 건 꽤 어려운 일이잖아요.

　오랜만에 쓴 청소년 소설이라 독자님의 반응이 어떨지 몰라 긴장하고 있어요. 공감할 수 있는 캐릭터를 만들어 내고 싶었는데, 성공했을지 모르겠어요.

　저는 청소년 소설을 쓸 때면 거리로 나가 지나가는 학생들을 유심히 살펴보는 편이에요. 편의점에서 라면에 핫바를 먹거나, 친구들과 컵 닭강정을 나누어 먹으며 까르르 웃는 모습들이요. 그 모습들이 마냥 예뻐 보이기만 해서 나도 나이를 먹었구나,

생각할 때가 많아요. '어린 게 예쁜 거다'라는 말에 공감하면 나이를 먹은 거래요.

이번에도 교복 입은 친구들을 열심히 찾아봤는데요.『수학특성화중학교』를 썼을 때보다 핸드폰을 손에서 놓지 않는 모습을 유달리 많이 목격한 것 같아요.

하긴 저 역시 그러니까요. 핸드폰으로 하는 일이 많아서인지 배터리가 30% 이하로 떨어지면 초조해지는 것 같아요.

세상에는 재미있는 것들이 많아요. 쇼츠만 보아도 하루가 훌쩍 지나가 버리잖아요. 저만해도 구독해서 보는 채널이 10개가 넘습니다.

이상한 일이지만 쇼츠에 익숙해지고 난 다음에는 소설을 읽을 때마다 답답하다는 느낌을 받아요. 예전에는 생각할 수 있는 여지와 여백을 즐겼는데 요즘은 빠른 전개만을 바라는 자신을 발견하기도 했어요. 작가라는 직업을 가진 입장에서는 슬픈 일이죠.

하지만 소설은 분명 나름의 장점이 있어요. '상상할 수 있다는 것'이 가장 큰 장점 아닐까요. 미디어가 쏟아 내는 영상은 보이는 그대로 기억되지만, 소설 속의 장면은 내 상상에 따라 달라지잖아요.

'푸른 바다'라는 단어를 보고 누군가는 에메랄드빛 잔잔한 바다를 떠올리고, 누군가는 깊고 푸른 파도가 넘실거리는 바다를 떠올리겠죠. 여기서 나타나는 감상의 차이가 소설의 매력인 것 같아요. 단어 단어마다 해석이 다를 수 있다는 것이요. 그러니 나만의 세계를 발견한다는 마음으로 책을 읽어 주신다면 좋겠어요.

그럼 저는 열심히 준비해서 다음 이야기로 찾아올게요. 또 만날 수 있기를 고대합니다.

2024년 9월

로서하

고스트 티처의 밀착 과외

초판 1쇄 펴낸날   2024년 8월 31일

지은이   로서하, 이윤원
펴낸이   홍지연

편집   홍소연 이태화 김선아 김영은 차소영 서경민
디자인   이정화 박태연 박해연 정든해
마케팅   강점원 최은 신종연 김가영 김동휘
경영지원   정상희 여주현

펴낸곳   ㈜우리학교
출판등록   제313-2009-26호(2009년 1월 5일)
주소   04029 서울시 마포구 동교로12안길 8
전화   02-6012-6094
팩스   02-6012-6092
홈페이지   www.woorischool.co.kr
이메일   woorischool@naver.com

만든 사람들
편집   서경민
디자인   정든해